スピリチュアルに
ハマる人、ハマらない人

香山リ

GS 幻冬舎新書 004

スピリチュアルにハマる人、ハマらない人／目次

序章　私の前世を診てください

精神科医だから前世がわかる？

三年くらい前のことだっただろうか。

診察室に入ってきたその人は、二十代前半の女性だった。診察前にわたしておく問診表の「今日はどんなご相談でいらっしゃいましたか？」という欄には、「職場や家庭のことなど」としか書かれていなかった。

いまどきの若い女性らしく髪はきれいにセットされており、〝光りもの〟というのか、金のチェーンのネックレスやブレスレットがキラキラしていた。流行や身だしなみにも気を配れないほど、心の余裕を失っているわけでもなさそうだ。

「この人なら、正攻法の進め方で大丈夫だろう」と踏んだ私は、「はじめまして。職場や家庭のことでご相談にいらしたとのことですが、そのあたり、もう少しくわしく教えていただけますか」と切り出した。

ところが、返事がない。

ことばに詰まってうつむいている風でもなく、アイラインやリップグロスできちんとメイクされた顔を向けたまま、彼女は沈黙しているのだ。

「えーと、なんでもいいですよ。お話ししやすいところから気楽にどうぞ」

そう言ってもやはり答えはなく、にらみつけるような目つきでこちらを凝視している。

「あのー」と三たび問いかけると、彼女は「ふーっ」と大きくため息をついて、初めて口を開いた。

「わかんないですかあ？　ねえ、わかるでしょう？」

「はあ？」

「ここ、精神科でしょう？　だったら先生、私が何を悩んでるかくらい、わかるんじゃないの？　こっちが話さなければわからないなんて、インチキじゃん」

「話さなくてもわかるでしょ」と言われたのは初めてだったので、面食らった私は、思わずムキになって言い返してしまった。

「いやいや、話してくれなければわかんないですよ。精神科医は占い師じゃないんだから」

「でも、精神科医って深層意識とか前世とか、本人がわからないものもわかるんでしょ？　私、自分の前世について知りたいんですよ。そこに問題があると思うから」

深層心理ならわかるが、深層意識って何だろう。さらに「前世」と言われたら、もうこちらはお手上げだ。

「精神科医は一応、科学者なんで、前世なんて非科学的なことはわからないですよ」と答えると、目に怒りの炎が灯《とも》ったままの彼女は、「だって、精神科医ってココロだとか魂だとか言ってるじゃん！　それなのに前世は非科学的だなんて矛盾してるよ！」と吐き捨てるように言い、「もういいよ！」と診察室を出て行ってしまった。

「精神科医なら話さなくてもわかる」「精神科医なら前世も診《み》てくれるはず」という確信を持ってやってくる人がいるとはと、しばし呆然《ぼうぜん》となったのだが、そのあとで次第に「彼女の言うことにも一理あるな」という気がしてきた。

ユング心理学への違和感

突然、時代は一九七九年に遡《さかのぼ》る。

受験に失敗し、行きたくもなかった私立医大に進学した私は、一冊の本を読んだ。

『魂にメスはいらない』(朝日出版社、一九七九年)。心理学者・河合隼雄氏と詩人・谷川俊太郎氏の対談集である。いや、対談というよりも河合氏が谷川氏に専門のユング心理学について説いた講義録、というほうが正確だろう。

カール・グスタフ・ユングは医学部を卒業し、その後、独自の深層心理学を打ち立てた精神科医なのだが、人間の無意識は深いところでつながっているという「普遍的無意識」、科学では説明できない不思議な偶然を意味する「シンクロニシティ」など、とても科学的とは言えない概念を好んで用いていた。そのユングのことを、河合氏は「魂の医者」と称する。

医学部に適応できなかった私だが、当時の〝ニューアカデミズム〟ブームの一環として熱い注目を浴びていたラカンの精神分析、フーコー、ドゥルーズらの精神医療や精神分析批判はよく読んだ。とは言っても、フロイトを読まずにいきなりその後継者といわれるラカンやフロイト批判を読むわけだから、理解できるはずはない。

それに比べて、河合隼雄氏の説くユング心理学はとてもわかりやすく感じられた。私は「日本ユングクラブ」なるユング派の協会のような組織にも入会し、「昔話には魂がこめられている」といった講演を聴きに出かけたりしていたのである。

しかし、ユングの著作を読んでいくと、どうしても「錬金術」「幽体離脱」「輪廻転生《りんねてんせい》」「チベット密教」などに突き当たり、それらを肯定的に受け入れなければならないことを知った。その頃、二十世紀フランス哲学にかぶれていた私は、どうしてもそういった東洋的、中世オカルト的なものに違和感があり、河合隼雄氏と中沢新一氏のスピリチュアリズムが炸裂する対談集『ブッダの夢』（朝日新聞社、一九九八年）を読む頃には、すっかり嫌気がさしてユング心理学を追究するのをやめてしまったのだ。

とは言え、大学の精神医学の教科書には、短い記述だがユングの名前やユング心理学が出てくる。臨床心理の世界では、河合氏がユング心理学をもとに日本で発展させた箱庭療法は、いまも堂々の保守本流である。

私は昨年、臨床心理士の試験を受けたのだが、そこではユング心理学に関する問題がたくさん出題され、「ユングがこんなに評価され、実践されている世界がまだあるのか」と驚いた。あとから聞くところによると、それはユングが評価されているということよりも、臨床心理士の協会の中にユング派が何人いるか、といった数の問題に関係しているのだそうだ。しかしそれはともかく、ユングの〝魂の心理学〟は、精神医療や臨床心理の世界で、専門家のお墨付きを得て生き続けていることはたしかだ。

だとしたら、精神科医でもあり臨床心理士でもある私に、「前世？　生まれ変わり？　バカなこと言うんじゃないよ」と切り捨てる資格があるのだろうか。

その後、数カ月に一回は、診察室で「前世を知りたい。先生にわからないなら、前世療法をやっている医者を紹介してほしい」「私の問題は、スピリチュアルな世界がわかる人にしか解決できないと思う。来週からヒーラーのところに通うつもりです」「クスリだけでは治らないのでパワーストーンを買いました」などと言われるようになったが、もう私は驚くこともない。

とは言え、「それはいいですね」「前世療法ならいい治療者がいますよ」とも言えず、「そうですか。それはあなたのご自由ですが」といった無責任なことばを返すにとどめているのだが。

第1章　人は死んでも生き返る？

ますます悩める現代人

私はなぜ生まれてきたのか。この人生をどのように生きるべきなのか。本当の幸せとは何なのか。

一度もこんな問いを持ったことがない、という人はいないだろう。ペットの犬やネコは、どんなに飼い主の気持ちがわかっているように見えても、「ボクはどうして生まれてきたの？　なぜ、ウサギじゃなくて犬なの？」と悩んでいるとは思えない。自分の存在や人生に意味や根拠を求め、ときには「ほかの人生もあったんじゃないの？」と懐疑的な問いを抱《いだ》き、ときには「ああ、生まれるんじゃなかった」と自己否定的な考えにまで発展してしまうのは、生き物の中でも人間だけのようだ。

しかし、人間は自らの中からわき出てくるその問いに、ただ手をこまぬいてきたわけではない。人間は動物のように「ただ生き、ただ増やす」のではなく、宗教、哲学や科学、文学に美術などさまざまな領域を創設し、「あなたはなぜここにいるのか」「もっと幸せになるにはどうすればいいのか」といった問いに答えようとしてきた。

とはいえ、いくら科学が発展し、文化が充実しても、「私はなぜ生まれてきたのか」についての決定的な答えは見つかっていない。

それどころか、科学の発達や文化の発展とともに、「私って何？」という疑問の声は、ますます大きくなりつつあるようにも思える。

しっかりした信仰を持っている人なら、「私が生まれたのは神の意志」と確信することができるかもしれない。しかしこの時代、信仰がすべての問いに答えを与えてくれるわけではないということは、イスラム世界の混迷やアメリカでのキリスト教原理主義と自由主義との対立などを見てもわかるだろう。

まして、信仰を持つ人が少ない日本では、人々は容易に自己の存在や人生に対して疑問を抱き、迷い苦しむことになる。

強力な救い主の登場

迷える彼らに対して、最近、強力な「救い」を与える人たちが現れ始めている。「スピリチュアリスト」「霊能者」と呼ばれる人たちだ。彼らはふつうの人の目には見えない世界を感じることができると言い、とくに死後の世界や前世の魂や守護霊と交信できることを特徴とする。

霊や神と対話できる「拝《おが》み屋」「イタコ」と呼ばれる霊媒師なら昔からいたじゃないか、という人もいるだろう。しかし、従来の霊媒師たちは一般社会からはどこか〝特殊な人〟という目で見られ、敬われたり畏《おそ》れられたりはしながらも、〝怪しい人〟〝いかがわしい人〟として敬遠されたりしていたはずだ。

ところが、現代のスピリチュアリストたちの多くは、そういうダークなイメージはほとんど持っていない。たとえば呼び方ひとつにしても、いまのスピリチュアル・ブームを象徴する存在である江原啓之《ひろゆき》氏は、自らを「スピリチュアル・カウンセラー」と名乗っている。また、「宇宙生命」「宇宙の波動」を取り入れた人生指南書を多く執筆し、若い女性を中心に人気を呼んでいる佳川奈未氏の肩書きは、「リフレミングセラピスト」。「拝み屋さん」といったどこかいかがわしさを感じさせる名称とはかなり違う。「霊と話せる」と聞けば警戒してしまう人も、「カウンセラー」や「セラピスト」に会うのだと思えばそれほど怪しさを感じなくてすむはずだ。

いや、実際にはもう「怪しいか、怪しくないか」といった次元の話ではない。前述したスピリチュアル・カウンセラー江原啓之氏の場合、その著書の累計発行部数は七百万部超。タレントの美輪明宏氏や国分太一氏と共演するテレビ番組『オーラの泉』は、午後十一時十五分からという遅い時間の放送にもかかわらず、視聴率が毎回一〇％を超えているが、これはこの時間としては驚異的な数字だと言われている。同じ時間の『ニュース23』は平均視聴率が六％台なので、それを考えると『オーラの泉』がいかに多くの人に見られているかがわかるはずだ。

同じように、フジテレビでは特番として、江原啓之氏が出演する『天国からの手紙』をゴールデンタイムに放映しており、これも毎回一五％以上という高視聴率をマークしている。タイトルからもわかるように、これはすでに亡くなった家族や恋人が天国から現世の人に伝えるメッセージを江原氏が媒介して伝えるという内容だが、「感動しました」「涙が止まりませんでした」といった熱いレスポンスが番組のネット掲示板に書き込まれている。

この例からもわかるように、スピリチュアリズムはいまやいかがわしいものでも後ろ暗いものでもなく、ゴールデンタイムのお茶の間に堂々と放映され、ふだんからとくに死後の世界や心霊現象に強い興味を持っているわけでもない主婦や学生、ビジネスマンが、プロ野球やヒットチャートの話題を語るように明るく語るものになっているのだ。

そして、ただ「面白いから明るく語る」という以上に、江原啓之氏らスピリチュアルなカウンセラーやセラピストのことばを信頼し、それを人生の指針として重要な決定をするような人たちも増えている。江原氏が直接、語りかける講演会には大勢の人が詰めかけ、涙を流しながら彼の話に耳を傾ける。そのことばによって自分の結婚や職業の選択を決定したりしているのだろう。

まさに時代はいま、スピリチュアルなのだ。

ではこの「スピリチュアル」を生きる指針として受け入れる土壌は、どうやって生まれたのか。そのことを少し考えてみたい。

「生き返り」を信じる子、二割

死んだ人が生き返ることがあると思いますか。

そうきかれたら、あなたは何と答えるだろう。

日本女子大学（当時）の中村博志教授（小児神経学）が二〇〇三年、全国の小中高生約一九〇〇人を対象に行った調査の結果は、次の通りだ。

Q. 一度死んだ生き物が生き返ることがあると思うか？
生き返らない……三二・九％
わからない……三〇・九％
生き返る……九・二％
生き返ることもある……一二・七％

つまり、小中高生の二割が「生き物は死んでも生き返る」もしくは「生き返ることもある」と考えている、ということになる。

この調査では「生き返る」と答えた子に「そう思う理由」についても尋ねているが、「何となく」が五三・〇％、「見たことがある」が一一・三％、「教えてもらった」が一七・八％であった。

この結果を受けて中村氏は、「『生まれ変わり』との混同が含まれるにしても多すぎる。死の認識の低さが最近の子供による事件や問題行動につながっているのではないか」と分析している。そして、雑誌の取材に対して「大学生になっても人が生き返ると信じていた子は、私が授業しただけで数人います」と、もっと上の世代にも「生き返り」を信じる人がいる可能性についても指摘している（『週刊朝日』二〇〇五年二月四日号）。

大学生にも尋ねてみたら

しかし、現実は「大学生にも数人いる」というレベルの話ではない。

二〇〇六年、私は「心理学」の授業で「人間の心はわからないことだらけだ」という話をしたあと、「魂」や「生き返り」についてのアンケートを行ってみた。その授業を受けているのは、主に十八歳から二十歳までの大学一、二年生一三五人。アンケートの結果は、次の通りだ。

Q．一度死んだ人が生き返ることがあると思うか？
ある……二四％
ない……五九％
わからない……一六％

Q．魂や霊魂があると思うか？
ある……六一％
ない……一〇％
わからない……二八％

Q．前世や生まれ変わりを信じるか？
信じる……五六％
信じない……一四％
わからない……三〇％

中村氏の調査とは質問項目が違うので単純には比較できないが、小中高生では九%だった「生き返る」が、大学での調査ではなんと二四%にはね上がっている。「魂」は六一%、「前世」は五六%が信じており、いずれも「ノー」と答えたのは一〇%台。少なくともこの調査では、「死んだ人は生き返らないし、魂も生まれ変わりもありえないよ」と考える学生はいまや少数派である、ということははっきり言える。

ただ、「小中学生より大学生のほうが〝生き返り〟を信じる人の率が高い」ということじたいは、ほかの調査の結果から考えても、ある程度、予測できた結果だった。

たとえば、二〇〇一年に旭川医大の岡田洋子教授（小児看護学）が行った調査によると、「死んだ人は決して生き返らないですか」という問いに「はい」と答えたのは、小学校低学年で五八・二%、高学年で五二・六%、中学生で四八%と、年齢が上がれば上がるほど逆に、「生き返らない」と考える子どもの割合は少なくなっているのだ。知識レベルでの「概念的な死生観」は小学校入学前にでき上がるものの、それが年齢が上がるにつれて崩れていくからではないか、と岡田氏は考えている。

また、二〇〇五年に長崎県教育委員会が行ったアンケートでも、「死んだ人が生き返ると思う」と答えた子どもの割合は、小四で一四・七％、小六で一三・一％、中二で一八・五％とやはり年齢が上がるにつれて増えていることが明らかになった。

このアンケートでは「生き返る」と思う理由についての設問もあるのだが、「テレビや映画などで見たことがあるから」が二九・二％、「ゲームでリセットできるから」が七・二％で、「メディアの影響」がある程度、裏づけられたような結果が出て、大きな話題を呼んだ。

しかし、いくら知識としての死生観が長続きしないからといって、中学生、高校生、そして大学生……と、雪崩《なだれ》を打ったように「人は死んでも生き返る」と考える割合が増えていく、などということがありえるのだろうか。また、「小学生より大学生のほうが〝死者の生き返り〟を信じる」というのは、昔からあった傾向なのだろうか。

子ども界の隠れたベストセラー

一般的にはあまり知られていないことかもしれないが、一九九八年に一冊の児童文学書が出版され、子どものあいだでの大ベストセラーとなった。二〇〇六年に直木賞を受賞した森絵都氏の『カラフル』だ。そしてこれは、事故で死んだあと、天界での抽選に当たり、別の少年のからだを借りて、一定期間、地上に戻ることになった十四歳の少年の物語なのである。

児童文学評論家・野上暁氏が産経新聞に寄せたこの本の書評から、引用させてもらおう。

死んだはずのぼくの魂に突然「おめでとうございます。抽選にあたりました！」と天使の声。大きな過ちを犯して死んだ罪な魂に、ときどき天使のボスが抽選で再挑戦のチャンスを与える。それでぼくは、ガイド役の天使にいざなわれ、服薬自殺した十四歳の少年、小林真《まこと》の体を借りて現世にホームステイすることになる。ちょっとマンガチックで魅力的な導入部なのだが、内実は今日的に深刻で重苦しい。

真はチビで内気で友だちもいない。そんな彼に明るく声をかけてくれる少女を真はひそかに恋していた。その彼女がこともあろうに中年男とラブホテルに入っていくのを目撃する。しかも同じホテルから今度は母親が不倫相手と出てくるのを見て、人間不信のどん底に突き落とされた真は睡眠薬を飲んだのだ。

というと、現代の子どもを描いた問題小説かとも思われるがそうではない。前世の記憶も曖昧《あいまい》なまま真の体を借りての学校や家庭での悪戦苦闘は、まるでセーブしないでリセットボタンを押してしまったロール・プレイング・ゲームのリプレイみたいでスリリングだ。

作者は十四歳の少年少女たちの危ない感受力を丁寧にすくいあげ、真を取り巻く人々の個性を際立たせながら、その心模様を色とりどりにカラフルに染め上げていく。この世界も捨てたもんじゃないんだぜって感じが爽快《そうかい》で魅力あふれる作品となっている。

（『産経新聞』一九九八年九月二十一日付）

興味深いのは、この時点では「リセットボタンを押してしまったロール・プレイング・ゲーム」というのが、肯定的に評価されていることだ。二〇〇〇年代になってからしばしば行われるようになった「人は死んでも生き返るか」といった調査については、『生き返る』と答えた子どもは、死をゲーム感覚でとらえているのではないか」とゲームの有害性を重大視する報道がされることが多いのと対照的だ。

このようなトーンの変化は、ゲームそのものの問題ではなく、「生き返り」をめぐる子どもの事情の変化によるのではないだろうか。

二〇〇〇年代に入ってから、長崎の中二男子の児童殺害事件や小六女子の同級生殺害事件など、小中学生による殺人事件が続き、世間に衝撃を与えた。「死んだ人は生き返るか」といった一連の調査も、これらの事件を受けてのものだ。そのため「生き返る」と考える子どもがどの調査でも二割前後いたということは世間的に看過できない結果とされ、リセットボタンで登場人物を生き返らせることのできるテレビゲームが、その元凶として槍玉にあげられることになったのだと思われる。

「生き返り」名作の数々

一般的には、『カラフル』を評価する人たちの多くは「生き返り」そのものにはあまり言及せず、「登場人物たちの生き生きした描写」「リアルな会話」「ストーリー展開のテンポの良さ」などをこの作品の良さとしてあげる傾向があるようだ。とは言え、やはり「生き返り」を抜きにしては、この作品を語ることはできないだろう。

そして、いくら会話がリアルでも、子どもたちが「生き返り」をまったく信じていなかったり、興味がなかったりしたとしたら、この作品がベストセラーになることはなかったのではないだろうか。『カラフル』が子どもたちにとって「初めて出合った〝生き返り〟」となった可能性もあるが、逆に「生き返り」に興味を持つ子どもが増えつつあったからこそ、この作品がすんなりと受け入れられたとも考えられる。それにもかかわらず、この作品を「児童文学の記念すべき名作」と高く評価する声こそあれ、「オカルト的」と批判した文章は、少なくともこれまで私の知るかぎりではない。

『カラフル』に先立つこと十一年前、少女マンガ誌『ASUKA』一九八七年一月号に大島弓子氏の『秋日子《あきひこ》かく語りき』という中篇が掲載された。暴走タクシーにはねられて死亡した中年主婦の竜子が、一週間だけ女子高校生・秋日子の身体を借りる約束をして地上に戻った、という設定の物語だ。〝冥土への道〟で竜子と秋日子が出会う場面の会話は、次のような感じだ。

「このわたしが死んだ!? そんなバカな!!」「さ、神様のもとにまいりましょう」「いやです〰〰っ死ぬわけにはいかないんです〰〰〰っ! おねがいです〰〰っ生き返らせてください〰〰!!」「あの……しばらくの間この人にわたしの帰り道を貸してさし上げるわけにはいきませんか?」

この作品は、二〇〇四年になって『ちょっと待って、神様』というタイトルのドラマとなってNHKで放送された。主演は、宮崎あおいと泉ピン子であった。

また、一九八九年に刊行された赤川次郎氏の『ふたり』は、交通事故で命を落とした優等生の姉・千津子が、霊となってちょっとドジな妹・実加の前に現れる、という物語だった。その後、実加は自分にしか見えない姉の力を借りながら、学校内のいざこざや家庭問題、そして恋愛など数々の困難を乗り越えていく。この作品は、九一年に大林宣彦監督が中島朋子、石田ひかり主演で「新・尾道三部作」第一弾として映画化し、いまなお名作として高い評価を受けている。

「死後の世界」観のひそかな浸透

このように、九〇年前後にもネームバリューのある作家たちによる「生き返り」をテーマにしたマンガ、小説、映画などが発表され、多くの人の心をとらえた。しかし、九五年にオウム真理教事件が明るみに出たこともあり、「死後の世界」「心霊現象」などは一時、タブーとなって、少なくとも社会の表舞台からは消えたように思われた。

もちろん、とくに若い人のあいだで、そういった超越的な世界や心霊現象への興味そのものがすっかりなくなったわけではなかった。タレント・稲川淳二の語る怪談が人気を呼ぶといったこともあった。だが、それらはあくまでエンターテインメントやジョークという範囲を越えてはいなかった。

九〇年代も終わりに近づき、〝オウムアレルギー〟も一段落した頃に登場した児童文学の名作『カラフル』は、この「死後の世界は存在する」「死んだ人も生き返る」という地下の鳴動が一気に顕在化するひとつのきっかけを作ったと言えるのではないだろうか。注目すべきは、この動きがまず「子どもの世界」で起きたということだ。

次の動きは、若者のあいだで起きた。九一年に出版されて大きな話題を呼んだ鈴木光司氏のホラー小説『リング』が、九八年になって映画化され、記録的な大ヒットとなったのだ。いまさら説明するまでもないが、『リング』は、貞子という死者の霊の怨念で念写されたビデオを見た人は必ず謎の死を遂げる、という物語であった。大ヒットの最大の理由はもちろん映像の完成度なのだろうが、中には「死のビデオは実在する」「貞子のような亡霊はほかにもいる」などと本気で信じて恐れる若者もいたと聞いた。

つまり、子どもも若者も、表面上は「感動的な作品だから」「よくできた娯楽作品だから」という理由で『カラフル』や『リング』に夢中になったように見えるのだが、その背景に、「生き返り」や「死後の世界」を現実として受け入れる素地があったことは見逃せない。

こう考えてくると、子どもや若者が二〇〇〇年代に入って急に「生き返り」を信じるようになった、とは言えないことがわかってくる。また、決しておとなの影響を受けてそうなった、とも言えない。実際のところはむしろ逆で、まず子ども、ついで若者が

「死後の世界」を面白半分の興味を超えて信頼するようになり、すっかりそれが浸透したところでおとなたちがそれに気づいた、ということなのではないだろうか。

そして女性が飛びついた

若者の次は、女性がこれに飛びついた。この章の冒頭で紹介したスピリチュアル・カウンセラーの江原啓之氏は、いまのようにメジャーになる前に自分を信じてくれ続けたのは女性であったことを、林真理子氏との対談で明らかにしている（『週刊朝日』二〇〇六年八月十八・二十五日号）。

「僕が救われるのは奥さん方のおかげです。男性は信じないけど、信じてくださっている奥さんの力は強いんです。かたくなな旦那をねじ伏せる力を持ってるんですね」

それを受けて林氏は、「男性って、なんであんなふうにかたくなに受け付けないんですかね。女の人は、その点、柔軟ですよね」「目に見えるものしか信じないというのは、すごく狭量だと思います」と、スピリチュアルな現象に対して懐疑的なことを「柔軟性がない」「狭量」と批判し、それはまた世の男性の欠点でもあると指摘している。

林氏の分析を受け入れるならば、スピリチュアルを信じるのは「柔軟さ」や「心の広さ」の証拠であり、それは「子ども」「若者」「女性」の順番で備わっている、ということになる。いずれにしても、スピリチュアルを信じるということが全面的に肯定されているのだ。

江原啓之氏は、「オーラ」という日常語にもなっている概念を多用することで、スピリチュアルに対していまだに残る「怪しい」「胡散《うさん》くさい」といったイメージを払拭するのに一役買った人として知られている。

前述した私の授業での調査では、この「オーラ」に関しても、学生たちにきいてみた。「オーラ」の説明は省いていきなり質問したところ、ひとりだけ「オーラってなんですか?」ときいてきた女子学生がいた。その学生は、テレビをほとんど見ないのだという。「オーラ」に関する調査の結果は、驚くべきものだった。

Q. 人にはその人特有の色を持ったオーラがあると思いますか?

ある……八〇%

ない……四％

わからない……一六％

「オーラ」とは何か、といったことは、またあとでくわしく説明しよう。ただここでは、「オーラはない」がわずか四％（一三五人中六人）で、八〇％にあたる一〇八人は「ある」と回答していることを知っておいてほしい。「生き返り」や「霊魂」については確信が持てない学生でも、この「オーラ」についてだけは「ある」と思っている、と考えてよいだろう。

大変な社会がやってくる？

前述の中村氏は、「高齢化、核家族化で子どもたちが死と触れる機会は減っている。大人たちがいま意識的に『死』の教育をしないと将来、大変な社会になる」と警告を発している。

では、その「大変な社会」とはどういう社会なのか。中村氏が想定しているのは「生死の区別がつけられず、他殺、自殺が横行する社会」ということのようだが、幸いなことに、私がアンケートを行った大学では殺人や自殺が日常化しているという事実はない。

とはいえ、「あの人、三度も生き返ったんだって」「私の前世って武士だったらしいよ」と学生たちが当然のことのように語り合うキャンパスでは、やはりこれまでと違う何らかの変化が起きている、と言わざるをえない。それが本当に憂慮すべき「大変なこと」なのかどうか、の答えは保留にしておくとして、このような変化が最近のスピリチュアル・ブームを支えていることは間違いない。

霊との交信は何のため?

では、あらためて考えるに、スピリチュアルとは何だろう。

スピリチュアル・ブームというと、占いやパワーストーン、気功、ヨガ、各種ヒーリングやセラピーなど、霊には直接関係ないが、現在の自然科学では説明しきれないものを広く指すことがある。だが、もともとスピリチュアリズムという語は日本語では「心霊主義思想」などと訳される。簡単にいえば、「死後の生」や「霊魂」などこの世を超えた目に見えない世界やそこでの現象を信じること、またその世界からのメッセージを受け取れること、と考えてよいだろう。本書のテーマである「スピリチュアル」も、もっぱら「霊的なもの」を念頭においている。

だから、「スピリチュアル○○」というのは「霊的な考え方やそこからのメッセージを取り入れた○○」ということになる。現在のスピリチュアル・ブームの立役者とも言える江原啓之氏の肩書きである「スピリチュアル・カウンセラー」は、これは〝霊的な考え方や霊の声を取り入れて相談を行うカウンセラー〟となるだろう。

「死後の生」とか「霊魂」といえば、「なんだ、オカルトか」と言う人もいるかもしれない。「オカルト」と「スピリチュアル」はどう違うのか。まっとうな説明をするならば、「オカルト」は「神秘的、超自然的な現象、あるいはそれを信じること」と定義されており、そこで扱う現象の中には、UFOや宇宙人、超能力、錬金術など、霊魂や死後の世界とは直接、関係ないものも含まれている。つまり、「スピリチュアル」は「オカルト」の一分野、と言ってもよいだろう。

しかし、いまのスピリチュアルに夢中になっている人たちと、UFO好きや超能力信者には明らかな違いがある。

ＵＦＯ好きや超能力信者など、従来のオカルト愛好家は、いわゆるおたく的な趣味のひとつとしてオカルトを選んでいる。ＵＦＯの写真を集めたり目撃体験を自慢し合ったりするなど、そのコレクションや知識の集積に嬉々《きき》としていることが多い。オカルト好きとかつてのアマチュア無線愛好家とは、マニア性、おたく性という点において、互いにあい通じるものがある。

一方、スピリチュアルなテレビ番組や本に涙している人たちは、決して写真を集めたり体験を自慢し合ったりすることはない。自分にはスピリチュアルな能力がある、と言っている人も、霊との交信記録カードを作ってその数を競ったり、どんな珍しい霊と交信したかを競い合うようなことはしない。スピリチュアル好きやスピリチュアリストは、無線愛好家とは決定的に違うのだ。

では、スピリチュアル好きの人たちはその世界に傾倒することで、いったい何を求めているのだろう。それは、スピリチュアリストのことばに従って人生の選択を決定する人に象徴されるように、「守護霊」や「前世」の力を借りていまの自分がどうよく生きるか、悩みからいかに救われるか、ということであるようだ。

霊界と交信できるスピリチュアリストたちが大々的に登場したのは、十九世紀のイギリスだと言われているが、その意味について江原啓之氏は自身のホームページでこう述べている。


それから、私たちがなぜ生まれて生きるのか、本当の幸せとは何かという真理を探究するようになったのです。

これは人類にとっての偉大な福音となりました。

これらの霊交による思想をスピリチュアリズムと呼ぶようになり、私のようにその思想に従い、生きる者をスピリチュアリストと呼ぶようになったのです。


ここで明らかなのは、霊と交信することじたいが、スピリチュアリズムの目的ではないということだ。あくまで、それを用いて、いまの自分について考える。しかも、自分が「なぜ生まれたのか」「生きている意味とは何か」「本当の幸福を得るためにはどうすればいいのか」といったことについて考える。それが、スピリチュアルの目的だ。

つまりそこにあるのは、一見、哲学的な思想のようだが、実は圧倒的な自分中心主義であり、しかも「現世」中心主義なのだ。

第2章　スピリチュアルのカリスマたち

おしゃれに語る「カルマ」

少し前までは、「霊、魂、前世、死後の世界」などと言えば、どうしてもオカルト的、あるいは暗く怪しいイメージから切り離しては考えられなかった。また、こういったジャンルを「精神世界」と呼ぶこともあるのだが、この言い方からは、これらが世俗まみれの物質主義とは対極の、浮き世離れした価値観に基づくものであることが、わかるような気もする。

しかし、最近ブームになっているスピリチュアルは、よく読まなければそれとはわからないほど明るくきらびやかであったり、「お金」や「出世」とダイレクトに結びついていたりすることもある。

イギリス留学でインテリアデザインを学んだあと、文筆家となったという浅見帆帆子氏の『わかった！　運がよくなるコツ』（廣済堂出版、二〇〇二年）、『やっぱりこれで運がよくなった！』（同、二〇〇五年）などの一連の著作の表紙には、ちびまる子ちゃんがちょっと成長したような、愛らしい女性のイラストが描かれている。装丁もシンプルでソフトで、女性作家のエッセイ集にも見える。著者プロフィールの写真は、安室奈美恵をちょっとおとなっぽくしたようにきれいでおしゃれだ。

この装丁、著者近影と、「運がよくなる」というタイトルから、「きっとこれは自分の留学経験や恋愛経験などを踏まえて、ちょっとした生き方のコツを説いた軽いエッセイなのだろう」と思って本を開くと、それとはあまりにかけ離れた内容に驚いてしまう。次のような記述が、いたるところにあふれているのだ。

現世でのカルマの他にもうひとつ、自分の前の人生（前世）から引き継いでいるカルマもあるようです。これは、人間が輪廻《りんね》転生《てんせい》をしているという前提に基づいています。

（『やっぱりこれで運がよくなった！』）

「この世に偶然はない、すべてのことに意味がある」というのが著者の基本的な考えであり、「自分のまわりになんだか同じようなことが重なって起こった」という「シンクロ」(共時現象)、なんの根拠もないようなことをふと思いついたという「直感」のふたつを大切にすれば運はおのずと開けていく、というのが一連の著作で繰り返し説かれている。

「偉大ななにか」がいる世界

この「シンクロ」や「直感」の例としてあげられていることじたいは、それほど非日常的ではない。たとえば、次のようなエピソードも紹介されているが、これなど気の合う母娘のごくほほえましい話といえよう。

私と母にも頻繁にシンクロが起こります。

先週のこと、「久しぶりにあのお店のケーキが食べたいなあ」と思いました。母が買い物に出ていたので、ついでに買ってきてもらおうと電話したのですが、つながりません。ところが母は、わざわざ遠回りしてそのお店に寄り、私が食べたいと思っていたケーキを買って帰ってきたのです。

(前掲書)

ところが、著者の主張は「『シンクロ』や『直感』を大切に」では終わらない。こういった、偶然に見えるが実は必然である現象は、「偉大ななにか」によって私たちに送られているというのである。

その「偉大ななにか」が存在する目に見えない世界こそがスピリチュアルな世界であり、そこには当然、「前世」もあれば「カルマ」もあるということになる。もっとも「前世」「カルマ」とはいっても、そこは従来のおどろおどろしさやいかがわしさはない。著者は言う。

「偉大ななにか」は、私たち人間にすごく親切だと思います。私たちの大本をつかさどっているものですから、意地悪なことは絶対にしないと思います。

判断できない未来のことについて、その人にとってうまくいく情報をきちんと発信してくれているのです。それをキャッチできる受け皿のある人はうまくいき、それを無視している人には、ないのと同じことになります。

（前掲書）

著者の考えるスピリチュアルは、あくまでやさしく楽しく前向きなものであり、重さも暗さもそこにはない。モデルかセレブ若奥様のような浅見氏の写真を見ながら、「私、ハッピーになりたいから、『偉大ななにか』がいるスピリチュアルな世界を信じているんです」とファッショナブルな女性が口にしたとしても、誰も違和感を覚えない。それが、いまどきのスピリチュアルなのである。

ミラクルハッピーな教祖様

ハッピー志向、前向き志向とスピリチュアリズムが合体した女性のための生き方指南本は、ほかにもたくさんある。

たとえば、この手の本の著者として浅見帆帆子氏以上の人気を博しているのが、〝ミラクルハッピーなみちゃん〟というニックネームで知られる佳川奈未氏だ。「なみちゃんのニックネームで知られる」といっても、一部の女性ファン以外はその名前を聞いたこともないだろう。しかしその名を知るファンたちは、一万八千円のトークディナーシヨーに殺到するほど、〝なみちゃん〟に入れ込んでいるのである。

そのコアな〝なみちゃんファン〟は数万人から十数万人規模でいるようで、年間、二十作近くも出版される著作はいずれも順調に版を重ねている。『AERA』などの雑誌でも「キラキラ教祖」として特集ページが組まれるなど、「〝なみちゃん本〟なんて聞いたこともない。どうせ一部のマニアが読んでいるだけだろう」とすませることはできない事態となっているのである。

浅見氏の本が、いわゆる癒し系のイラスト、装丁であるのに対して、〝なみちゃん本〟の表紙の中には、ニコール・キッドマンのような金髪の外国人美女がにっこりほほえむものが少なくない。タイトルや帯にも「ミラクルハッピー」のほかに、「サクセス」「リッチ」「セレブ」といったより積極的で強いイメージのキーワードが並ぶ。

〝なみちゃん〟の説く「ミラクルハッピー」とは、「億万長者になる」「いいことばかり起こる」「恋もお金も手に入れる」ととても現実的、実践的である。このあたりは、『偉大ななにか』の信号をキャッチすれば、すべてが楽しくなります」という浅見氏とはやや違う。

鍵は「波動」と「オーラ」

しかし、お金、セレブな恋愛を肯定する現実主義的な〝なみちゃん〟だが、それを手に入れるための方法、考え方は必ずしも「現実的」とは言えない。

浅見氏が重要だと強調するのは「シンクロ」と「直感」であったが、〝なみちゃん〟が繰り返すのは「波動」である。「波動」とは何かについて、その著作にはこんな説明が記されている。

自分の中を駆けめぐるエネルギーが大きくなると、今度はそのエネルギーの粒子がその人のからだを突き抜け、その人の外側にまで流れだし、その流れでたエネルギーが、その人を包み込み（その人を取り巻き）、いわゆるオーラを発生させ、影響力を持ちはじめるのです！（中略）

そのオーラから外界へどんどん流れ広がったエネルギーは、自分のまわりにいる人や環境や出来事に働きかけていきます。

このエネルギーの波のことを、私は〝波動〟と呼んでいるのですが、これは目には見えないけれど、微弱振動として確かに空間に流れ広がり、あらゆるものに作用しているのです。

（『恋とお金と夢に効く！幸せな奇跡を起こす本』ゴマブックス社、二〇〇四年）

つまり、いま流行《はや》りの「オーラ」がエネルギーとなり、それが空間に伝わったものが「波動」だというのだ。浅見氏同様、この「波動」は「シンクロ」や「直感」を人にもたらすこともある。

そしてさらに、「波動」は単に外に漏れ出たその人自身のエネルギーというわけではなく、やはりある法則に支配され、意思的に流れたり伝わったりしている、というのだ。

再び〝なみちゃん〟のことばから引用しよう。

波動が私たちを導いたり、助けたり、メッセージを伝えてくる方法は、ダイレクトにハート（心や感情）に訴えかけてきます。それはとても直接的でわかりやすい

のです。（中略）
けれども、目に見えない力（宇宙の尊い法則や働き）を知り、それと自己を繋がらせて生きていると、いつもどんな場合もその時の自分にとって、また広い意味で、後々まで良い影響を及ぼす選択を示してもらえるのです。（前掲書）

ここにきて、「オーラ」「波動」の背後にあるのは「宇宙の尊い法則や働き」というスピリチュアルな概念だということが明らかになる。

しかし、〝なみちゃん〟の場合、「魂の法則」という単語は使っても、それはあくまで「問題が起こったときに気づいてクリアしていけば成長できる」といった程度の内容であり、それ以上、「前世」「守護霊」などのスピリチュアルな領域には踏み込まない。また、「セレブ」や「リッチ」になることが「宇宙の尊い法則や働き」といったいどう関係しているのか、という点についても、詳しく立ち入って考えることはしない。

その点について、〝なみちゃん本〟の小特集を組んだ『ダ・ヴィンチ』二〇〇六年七月号はこう説明する。

佳川さんの大きな特徴は、ともすれば誤解されがちなスピリチュアルなもの（目に見えない世界）を、リアルな現実とうまくリンクさせて語っている（目に見える現実の実態に焦点を当てて書いている）ところなのです。共感や納得のしやすさがさらに知りたいという意欲につながり、多くの若い女性に支持されているのだとか。

お金もうけは正しいこと

〝ミラクルハッピーなみちゃん〟こと佳川奈未氏のもうひとつの特徴は、「お金もうけ」を否定していないということだ。スピリチュアルには、物質主義、拝金主義に嫌気がさした人が目指す精神主義的な世界、というイメージがあるが、〝なみちゃん〟はこう言う。

「お金を好きだ」と思うことは、決して悪いことではありません。（前掲書）

佳川氏が言うには、お金は「魂（ソウル）」や「意思（ウィル）」を持っているものなので、お金を持つということは心が豊かになることであり、収入の増加は「潜在意識の法則や、波動やエネルギーワークの働き」で起こる。収入が多い人というのは、「心の中で豊かさを常に育んでいたからこそ、目に見える現実生活のうえでも、その姿を現したということ」だというのが、〝なみちゃん〟の主張だ。

外資系企業で活躍したあとスピリチュアルな世界に目覚め、現在はカウンセラーとして講演活動などを行う中野裕弓氏の『幸運！スピリチュアル・ライフ』（DHC、二〇〇六年）や『ちょいスピ――「幸運グセ」をつけるちょっとスピリチュアルな方法』（大和出版、二〇〇五年）にも、「お金の意思」のことが書かれている。

「お金なんか汚い。持っていてもろくなことがない」と思っている人のところへは、お金はやっぱり寄ってこない。「お金大好き。どんなことに使おうかな」と夢を描き、ワクワク楽しい日々を過ごしている人に、お金は集まりたいのです。

（『ちょいスピ』）

スピリチュアルな生活を送りたいと思いながらも、お金がほしい、新しい洋服やバッグがほしい、と金銭欲、物欲から逃れられない人たちにとっては、「お金はスピリチュアル的にも悪いものじゃない」というこれらのメッセージは、「私は間違っていないんだ」と自分を正当化してくれるに違いない。

逆に言えば、人々がこぞって株やファンドといったお金もうけに夢中になっているいま、「お金はカルマを増やします」などと主張するスピリチュアリストがいたとしても人気を得ることはできないだろう。あくまで「お金をもうけたい」といういまの流れに乗っている人たちを、「それでいいのですよ」と肯定し正当化するようなスピリチュアルでなくては、広く受け入れられないのだ。

企業の論理とスピリチュアル

しかし、スピリチュアルとお金の相性が良くなったのは、いまに始まったことではないようだ。ジャーナリスト斎藤貴男氏の『カルト資本主義』(文藝春秋、一九九七年)

には、超能力や永久機関、心霊現象などのいわゆるオカルティズムに傾斜している企業、経営者たちの姿が浮き彫りにされている。この本の中で、京セラの稲盛和夫名誉会長が、自身が主宰する私塾で堂々とこう講話している場面が取り上げられている。

宗教で言う〝あの世〟、あるいは霊魂というものがあることを信じてほしいんです。二一世紀、人類が最終的に救われるのだとすれば、それは人類があの世の存在をわかったときです。

そして、会社経営とは、他人の家族までを養う「利他行」であり、経営者はその仕事を通して魂を浄化しているのだ、とも言う。このことばを、斎藤氏はこう分析する。

あくまでも現世利益追求と一体となって受け入れられる稲盛の宗教的言辞。彼はオカルトや人生を語りながら、その実、企業の、経営者の論理こそ絶対的普遍的な価値観だと言っているとしか思えなかった。

つまり、斎藤氏によれば、まず「企業の論理」があり、その価値観を正当化するためにスピリチュアルがあるというわけだ。とはいえ、「企業の論理」とスピリチュアルは稲盛氏自身の中でももはや渾然一体となり、どちらが手段でどちらが目的なのかは、判別は不可能になっているのではないだろうか。

たとえば自身の講演が収められた別の本では、稲盛氏はこうも言っている。

立派な経営をするにも、やはり大切なのはこころの手入れです。それは、業種が何であろうと、規模がどれくらいであろうと、国がどこであろうと変わりません。経営者自身がつねに悪しき思いを打ち払い、こころの手入れを怠らずに人徳を高めていけば、因果応報の法則に従って、物事はよい方向へ運び、大輪の花を咲かせるにちがいないのです。

(『ありがとう　おかげさま』海竜社、二〇〇六年)

稲盛氏の場合は経営が先かスピリチュアルが先かが判然としないところがあるとしても、〝なみちゃん〟や中野裕弓氏など女性に人気の著作には、一様に斎藤氏が言うような「現世利益追求と一体となったスピリチュアル・メッセージ」があふれているのは確かだ。

アカデミズムとスピリチュアル

現世利益を追求し、時流には逆らわないのが、現在、受け入れられているスピリチュアルの特徴だとすれば、それは現世利益を追求する実学という点では共通する科学や医学とも相性がよいのだろうか。

科学的実証主義や西洋医学の評判がふるわない昨今、それらとスピリチュアルの関係は必ずしも良好とは言えない。とは言え、科学者、医学者という立場にある――つまり、何らかの権威と結びついている――人が、スピリチュアル寄りの発言をすることを、世間は必ずしも否定はしないようだ。

とくにスピリチュアル側にとっては、「正真正銘の学者も認めた」というのが〝お墨付き〟の役割を果たしていることがある。すべての既成の価値から解放されているはずのスピリチュアルが権威の裏づけを求めるというのは、どこか矛盾した話であるが、この傾向は現代になって始まったことではないようだ。

一柳廣孝氏の『〈こっくりさん〉と〈千里眼〉』(講談社、一九九四年)によれば、明治四十三年に、千里眼いわゆる透視能力を持つと言われていたひとりの女性が、東京、大阪で学者を中心とする実験に応じた。その女性とは、熊本出身の御船千鶴子である。実験には医学者、物理学者、心理学者などが立ちあい、当時の新聞はこぞって「千里眼＝透視の実在は学者によって証明された」と取り上げたのだという。

一柳氏は、明治期のアカデミズムの中でも、とくに進化論、心理学、物理学はスピリチュアルと相性が良かった、という。これらは「『科学』そのものの巨大なパラダイム・チェンジの様相のひとこま」として当時、登場したものであり、スピリチュアルつまり心霊学も、「従来の科学的な枠組みそのものを、まったく次元の異なるパースペクティブのもとに再編する『学』」の装いをして、欧米から日本に入ってきたからだ。

つまり、これまでのパラダイムをシフトさせる新たな知の体系として、「新しいアカデミズム」とスピリチュアルは利害が一致したということなのだろう。

そして、明治のスピリチュアルのスターとして登場した御船千鶴子により、この「アカデミズムとスピリチュアルの結合」はマスコミに大々的に紹介され、一気に一般社会にまで知られるようになった、と一柳氏は言う。

もちろん当時の学者の中にも、この風潮を疑問視する人はいた。そのひとり医学博士・富士川游は、一柳氏の著作によれば、次の二点を危惧していたという。

1. 精神現象に対する医学、心理学の解釈を、世間の人々が疑いはじめることになり、その結果、迷信を深め、「心霊学派」の勢力を助長させるであろうこと。
2. 透視による身体治療が、現実に有効であるとみなされてしまうこと。

千里眼事件の悲劇

ところが、明治四十四年にある事件が起きる。当時のスピリチュアル界のもうひとりのスター、長尾郁子の透視実験で、念写に使う乾板が何ものかの手で実験装置から抜き取られていたのだ。

実験装置の準備をまかされていた物理学者の藤教篤が疑われたが、彼は記者会見の席で開きなおって、「郁子の念写はことごとく手品で詐欺」と断じた。それ以来、新聞では「千里眼は手品なのか」という論争が勃発、そしてそのさなか、御船千鶴子が服毒自殺を遂げるという事件が起きた。

さらにそのあと、論争の端緒となった長尾郁子も、地元で激しい排斥にあった後、急性肺炎で死去。「千里眼をやると早死にする」といった迷信は広がったが、アカデミズムの世界とマスコミを巻き込んだ「千里眼論争」熱は急速に冷めていった、と一柳氏の著作にはある。

一時は蜜月とも言える時期を過ごした日本のアカデミズムとスピリチュアルは、こうしてスターふたりが悲劇的な形で相次いで世を去るという事態の後味の悪さから、その後、長く、お互いが距離を置いて関与しないという時間を過ごすことになる。

もちろん、七〇年代から八〇年代にかけてはニューサイエンスが注目を集めるなど、一時的に〝スピリチュアルな科学〟や〝科学的スピリチュアル〟への関心が高まることはあったが、大学で心霊学や超心理学の講座が作られるような動きにはつながらなかった。とくに日本においては、アカデミズムとスピリチュアルの棲み分けがきちんとできていたのである。

かつてだったら「トンデモ本」

ところが最近になって、変化はアカデミズムの側から起き始めた。市場主義、規制緩和、少子化による学生数減少といった社会の変化の波を、大学もダイレクトにかぶった。大学教員はこれまでのように「世俗の流れとは関係なく学問的真理を追究する」、つまり象牙の塔にこもることを許されなくなってきたのである。

研究者本人の人気に乗じて、その人が所属する大学も世間の注目を集め、それが少しでも受験生増加や企業などからの研究費集めに寄与するのであれば、少々の〝言いすぎ〟〝出すぎ〟も致し方ない。そういう雰囲気が、アカデミズムの世界にも広がってきたのである。

そこで、大学教授などの社会的にも認められている肩書きを持ちながら、スピリチュアル的な発言をする人が出てくることは想像に難くないだろう。また、そういった発言で社会的な影響力を持つ学者に対して、大学も学界も「学問的な正当性はどうなのか」などと問いにくいムードもある。

以前なら、学者が「霊魂の世界は実在する」などと言い出したら、その著作は「トンデモ本」と呼ばれ、その学者はアカデミズムの世界でも居場所を失ったはずなのだが、いまはそうではない。市場主義の法則に従えば、正しいことより多くの人に支持されること、ありていに言ってしまえば、売れることのほうが価値が高いからだ。

「サムシング・グレート」からのメッセージ

たとえば、筑波大学名誉教授で、世界的にも著名な遺伝子工学者・村上和雄氏は、遺伝子研究の過程で「サムシング・グレート」の存在に気づいた、と言う。村上氏の著作から引用しよう。

　ヒトの遺伝情報を読んでいて、不思議な気持ちにさせられることが少なくありません。これだけ精巧な生命の設計図を、いったいだれがどのようにして書いたのか。もし何の目的もなく自然にできあがったのだとしたら、これだけ意味のある情報にはなりえない。まさに奇跡というしかなく、人間業をはるかに超えている。そうなると、どうしても人間を超えた存在を想定しないわけにはいかない。そういう存在を私は「偉大なる何者か」という意味で十年くらい前からサムシング・グレートと呼んできました。

(『生命《いのち》の暗号』サンマーク出版、一九九七年)

村上氏によれば、この「サムシング・グレート」とは意思を持ち、遺伝子をオン、オフにすることで人類にメッセージを伝える機能も持っているという。しかも、その「サムシング・グレート」は、ただの「遺伝子の設計者」というレベルをはるかに超えたものでもあるようだ。村上氏の別の著作から再び引用しよう。

サムシング・グレートのこんなメッセージも聞こえてくるような気がしませんか。

「いのちを育てているものは、人間ではないのだよ。宇宙、地球、大自然などといったもののおかげでいのちが生まれるのだ。人間は、その手助けをすこしだけしているにすぎないことに気づいてくれ。そういう世界を思い浮かべてくれ。考えてくれ」

もし、こうしたメッセージにすこしでも耳を傾けることができるならば、私たちの人生は、より深く、より広くなる可能性があるのではないでしょうか。

（『ありがとう　おかげさま』）

ここからもわかるように、「サムシング・グレート」はかなりスピリチュアル的なものである。村上氏自身ほかの箇所で、「心と魂は別のものである。心は意識できる精神、魂は無意識の精神という事ができる」「心と体はつながっていて、死ねば体と一緒に心も滅びる」「魂は無意識とつながっていてサムシング・グレートに通じている」と、「サムシング・グレート」がからだでも心でもない「魂」とつながったものであることを明言している。

そして、「DNA解読の世界的権威」ともいわれる村上氏は、いまでは科学的研究よりも「サムシング・グレートのメッセンジャーになる」というのが自分の使命だと認識しているようだ。

技術者がとらえたスピリチュアル

大学教授ではないが、日本を代表する大企業・ソニーの研究所の技術者として、CDやAIBOの開発に携わった天外伺朗氏も、「科学とスピリチュアル」の両立の可能性を主張するひとりだ。

天外氏は、『ここまで来た「あの世」の科学』（祥伝社、一九九四年）などで「『あの世』とはきわめて科学的なもの」と主張する。そして、完全な「科学」と完全な「オカルト」とのあいだにはいくつもの段階がある、とも言っている。

天外氏の分類によれば、「単なるロマン」「似非《えせ》科学」「詐欺師的ロマン」「単なる思い込み」がよりオカルトに近く、「霊、死後の世界、輪廻転生、カルマの法則」などは「科学」と「オカルト」のちょうど中間にあたる「宗教的ロマン」の段階に位置するのだという。

村上氏にしても天外氏にしても、こういったスピリチュアル寄りの発言をしたからといって、科学者としての権威や地位を失うことはないようだ。

経営学者が説く生きる意味

現役で大学にポストを持ちながら、スピリチュアルな発言を続けている学者のひとりに飯田史彦氏がいる。

アカデミズムにおけるスピリチュアル研究は、心理学や宗教学のジャンルで行われることが多く、飯田氏は経営学の研究者であるという点で異色の存在と言える。

飯田氏は、職場や組織で人が感じる「働きがい」「生きがい」について調査しながら、「本質的な心の変化」を求める経営者たちに「ある個人的な超常体験をきっかけに知った特殊な情報」を教えて感謝されるようになった、という。その「特殊な情報」とは、ひとことで言えば「死後の生命」と「生まれ変わり」である。

飯田氏の著作の中でも大ベストセラーとなり、すでに七カ国語に翻訳されている『生きがいの創造』（PHP研究所、引用は二〇〇三年刊の［新版］より）は、「死後の生命や生まれ変わりを認めるとすれば、私たちの生き方がどのように変わっていくのだろうか」を論じた本だ。

著者は、この本が「『死後の生命』や『生まれ変わり』の存在そのものを証明するものではなく、あくまでも『生きがい論』を目的にした」ものであると言い、その上で、「いわゆる霊能者や宗教家、民間セラピスト（治療家）やジャーナリスト、あるいは文化人や芸能人と呼ばれる方々が書いた物は取り上げないことにし、学術的かつ客観的な立場を守る為に、名の通った大学の教官、博士号を持つ研究者や臨床医の研究を中心に引用している」と強調する。大学人である著者にとっては、この「生きがい論」がいかがわしくないものであることを立証するためのいちばんわかりやすい記号が、「大学の教官、博士号、医者」だったのかもしれない。

著者は『生きがいの本質』（PHP研究所、引用は二〇〇四年刊の［新版］より）という著作の中では、私たちひとりひとりが「なぜ生まれてきたのか」という問題にも言及している。それは、次のようなものである。

（私たちは）自分の意志で、「必要なことを学ぶために最適な環境を与えてくれる両親」を、無数の両親候補の中から、ただ一組だけ選択して生まれてきたのです。

（中略）

（私たちは）生まれてこなければ経験できない貴重な学びの機会があるからこそ生まれてくるのであり、その機会、つまり「死」や「病気」や「人間関係」などの「思い通りにならないこと」を通じて学ぶことこそが、人間として生きる目的・意義・意味なのだと言えるでしょう。

飯田氏はこれを、「学術的研究や、実際に起きた現象の事例研究」などの根拠に基づき、研究者として推論した「仮説」であると言う。しかし、人生の意味を「強い成長願望を持つ意識体」（著者注・いわゆる魂のこと）が生まれる前に用意しておいた「問題集」に求める飯田氏の主張は、明らかに科学寄りというよりはスピリチュアル寄りである。

大学の先生が言うのだから

しかし飯田氏は、「これはすべての人が信じるべき真実だ」とまでは言わない。それどころか、「にわかに信じ難いという方々がいてこそ、健全な世の中」とまで言うのだが、一方では「『世の中の何割かの人々は、本書の主張を真剣に受けとめ、活用してくださるはずだ』という確信があります」という自信はあるようだ。

そして実際に、退行催眠で前世に遡った人、ソウルメイトと会話した人、死別した家族と再会した人などの実例が豊富に記載された飯田氏の一連の著作は総計百三十万部を超えるベストセラーとなり、トークライブや講演会の申し込みを募るとあっという間に満席、という状態なのだ。

飯田氏は自身のホームページで、自分はあくまで大学教員であり、その講義には四五〇名もの学生が集まっていることを、きちんと作られたシラバスの公開とともに述べている。それは、「ベストセラーの著者だからといって、大学での研究や講義をおろそかにしているわけではない」という飯田氏ならではの主張のようにも思われる。

飯田氏にとって、大学に正式ポストを持つということは、スピリチュアルという自分にとっての普遍的真理を語る上で欠かせないものなのだろうか。それとも逆に、斎藤貴男氏が稲盛和夫氏について「オカルトや人生を語りながら、その実、企業の、経営者の論理こそ絶対的普遍的な価値観だと言っている」と断じたように、飯田氏も「スピリチュアルを語りながら、その実、経営学の論理、大学人の論理こそ絶対だ」と言いたいのだろうか。あるいは、その両者はまったく独立した互いに関係のないものなのだろうか。

おそらく、いまや本人にとっても「大学の学者」と「スピリチュアルの伝道師」との関係は、説明しがたいものになっているのだろう。ただ、熱心な読者の中には「大学の先生が言っている」ことを理由として、より信頼を深めている人がいることは事実と思われる。

第3章　江原啓之という現象

「私」がより幸せになりますように

前章で見てきたように、現代のスピリチュアルは「魂」「霊」「前世」などを取り上げているとはいえ、「心霊主義」ということばがかもし出すようなおどろおどろしさやいかがわしさは限りなく薄まっている。それどころか、どのスピリチュアル本も装丁や文体、使われているイラストはとても前向きで明るいイメージだ。

「あの世」の存在を信じているとはいえ、現実や俗世を否定しているわけではない。それどころか、「宇宙に願えばお金は貯まる」「波動ですてきな恋をする」など、スピリチュアルを、現世利益を追求する手段としていることも少なくない。経営や起業など、よりビッグなビジネスを成功させるために、スピリチュアルな教えが使われることさえある。

また、病気や死の恐怖を和らげ、家族や大切な人を失った悲しみを癒すために使われるスピリチュアルも目立つ。この場合も、恐怖や悲しみを薄めるのは、あくまで自分のいまの生活、人生をより明るく楽しくするため、という側面が強い。

現代のスピリチュアルの祈りの文句は、「世界やすべての人類が幸せになりますように」ではなくて、「私がより快適に暮らせますように」なのではないだろうか。自分がより快適な状態になることで、相対的に他者が不幸になることも可能性としてはあるのだが、ほとんどのスピリチュアル本ではそのあたりのフォローはされていない。

たとえば、スピリチュアルな波動やパワーを使って「ステキでリッチなあの彼が手に入りますように」と願い、それが実現されたとして、その陰には恋人を奪われて泣く女性がいるのかもしれない。しかし、現代のスピリチュアルでは、そこへの配慮は不要らしい。もし、泣く女性が「私も幸せになりたい」と願うなら、彼女は彼女で別のスピリチュアル本なり何なりを見ればいい。その基本にあるのは、「自己責任」の姿勢なのである。

ブームの頂点に立つ人

幸運。お金。仕事。恋愛。健康。病気の治癒。死別の悲しみの軽減。

いま人気のスピリチュアルなカウンセラーや指導者、解説書やマニュアル本は、それぞれ得意とする分野を持っているようだ。たとえば、〝ミラクルハッピーなみちゃん〟ならば「恋愛」と「お金」、飯田史彦氏であれば「死別の悲しみの軽減」というように。

しかし、これらすべての分野をまんべんなくカバーして、現代のスピリチュアル・ブームの頂点に立つ人がいる。それが、自らをスピリチュアル・カウンセラーと称する江原啓之氏である。

江原啓之氏は現在、雑誌、書籍などの活字メディアとともに、より多くの人が触れるテレビメディアの世界を主な舞台として、活動を続けている。

江原啓之氏が美輪明宏氏や国分太一氏とともにホスト役をつとめ、ゲストの芸能人の前世や守護霊をその「オーラ」を〝霊視〟することで見抜いて伝えるテレビ番組『オーラの泉』が、二〇〇五年四月にレギュラー化されて以来、午後十一時台の放映であるにもかかわらず毎回一〇％を超える高視聴率をはじき出していることは前にも述べた。特番の『天国からの手紙』も、同様に人気番組だ。

前章で紹介したように、スピリチュアル本の著者の多くは、本がたとえ十万部、二十万部のベストセラーとなろうと、講演会がすぐに満席になろうと、やはり「知る人ぞ知る存在」だと言える。ファンにとってはそのことばのすべてを信頼している神に匹敵するような人であっても、関心がない人はその名前さえまったく知らない、ということが多い。

それに対してエハラヒロユキという名前は、スピリチュアルな世界にさほど関心がない男性でも知っているはずだ。『週刊現代』『新潮45』など、もともと占いやスピリチュアル好きな女性や若者を読者対象にしているわけではない一般誌にも、江原氏は連載を持っているからだ。

人気女性作家たちのお墨付き

一九六四年生まれの江原氏は、子どもの頃から人のまわりに漂う色とりどりの「オーラ」を見ることができたそうだ。「オーラ」の色はその人の状態や運命を表し、たとえば自分の父親に「黒いオーラ」が見えて間もなく、父親は病気で命を落とした。

その後、高校生で母親も失った江原氏は、大学の芸術学部に在学中、さまざまな霊的現象に悩まされることになり、それを解決しようと霊能者を訪ね歩く。そして、自分には高い霊能力があること、それを人々のために使うべきであることを指摘され、寺や大学で仏教や神道を学んだあと、イギリスにわたって英国式スピリチュアリズムを学習した。

帰国後、一九八九年に、江原氏は個人相談を目的としたスピリチュアリズム研究所を設立する。江原氏の、「オーラ」を読むというイギリス式スタイルと、「祖先の守護霊」といった日本的スタイルの双方を取り入れた、〝霊視〟とそれに基づくアドバイスは、「すごく当たる」と評判になり、口コミで作家などの社会的にネームバリューのある著名人も相談に訪れるようになってきた。

こうして個別相談に応じる一方で、江原氏は自らの考えを本にまとめて出版。その中の一冊、二〇〇一年に出版された『幸運を引きよせるスピリチュアルブック』は、スピリチュアル系の出版社からではなく、女性の生き方本を多く扱う三笠書房の王様文庫から刊行される。その帯には江原氏の〝顧客〟のひとりであった作家の林真理子氏が、「江原さんは人生のカウンセラーだ」と推薦のことばを寄せている。

この本は、人生相談や占い本のコーナーではなくて、文庫のコーナーで作家のエッセイや評論と並んで置かれ、もともとスピリチュアルな世界に関心がない読者の目にも止まり、七十万部を超えるベストセラーとなった。

三笠書房からはその後も、『スピリチュアル生活12カ月』、『スピリチュアルワーキング・ブック』など江原氏の本が次々と出版されたが、帯の推薦文の書き手になったのは、室井佑月氏、酒井順子氏など若い女性に人気の作家たちであった。

その頃から江原氏は、占い雑誌ではなくて『an・an』などの有名女性誌で、〝推薦者〟の林真理子氏や室井佑月氏をはじめ、よしもとばなな氏や佐藤愛子氏といった女性作家と対談したり、インタビューに応じたりするようになった。それと同時に、テレビ出演も目立って増えてきた。

明治時代の「千里眼ブーム」の頃から、スピリチュアルには権威のお墨付きを得ようとする傾向があることは前章に記したが、江原氏の場合、〝お墨付き〟は学者によってではなくて、女性のオピニオンリーダーたちによって与えられることになった。

おそらく、江原氏の著作に「東大教授もその能力に感嘆」といった推薦文が記されていたとしたら、彼はいまのような人気を得ることはむずかしかったであろう。博士号や学会などではなく、ポピュラーな人気を誇る作家やエッセイストの名前こそが現代の権威であることを、江原氏は見抜いていたのではないだろうか。

魂とお金の関係

では、いまをときめく女性作家や評論家から絶賛される江原氏の唱えるスピリチュアルとは、いったいどういうものなのだろう。

江原氏の名前が一気にポピュラーになったのは、先ほども記したように『幸運を引きよせるスピリチュアルブック』という文庫によってであった。この本の目次には、次のようなことばが並んでいる。

「あなたにとって一番大切な人は、すぐそこにいます」「誰かを好きになるのは、一つの転機です」「心はあなたに忠実です、体もあなたに忠実です」「お金との上手なつきあい方、知っていますか?」「仕事はあなた自身を表現する舞台です」「夢を叶《かな》えたいあなたへのスピリチュアル・メッセージ」「幸せな人生にはルールがあります」「幸運を引きよせるスピリチュアルな一日」

ここにあるのは、前章で見てきたのとまったく同じ、徹底的な「現世利益の追求」と「個人の幸福」だ。お金、仕事の成功、恋愛は肯定され、自分が夢をかなえて幸せになることだけが追求される。

フリーライターの丸山あかね氏が聞き手となって出版されたインタビュー集『江原啓之への質問状』（徳間書店、二〇〇五年）の中でも、江原氏は堂々とこう言う。

恋愛や結婚にはするとかしないといった個人差があるけれど、お金に関心のない人はいない。欲のない人はいるとしても、現実問題、お金がないと生きていけないわけだから。

そして、「お金は念力で引き寄せるものだから、お金持ちになった自分を強くイメージするといいですね」とも言う。「霊や魂」と「現実問題」とはかけ離れた世界のような気もするが、お金は実は「心」や「魂」とも無縁ではないのだ、と江原氏は強調する。

一方でまた、「お金があればそれで幸せかというと、必ずしもそうとは限らない」とも言い、次のような「スピリチュアリズムにおけるお金の法則」を披露する。

自分のために浪費したお金は戻ってこない、人のために使ったお金は戻ってくる。

（前掲書）

つまり、念力で引き寄せたお金は、きちんと世の中のために還元しなくてはならない、というのだ。このあたりは、「私だけが幸せならそれでいい」という他の多くのスピリチュアルとは決定的に違う。

しかしここで注意しなければならないのは、本書が出版された二〇〇五年には、江原氏はすでにテレビで全国ネットのレギュラー番組を持つなど、スピリチュアル関係者の中では抜きん出た人気を得ていた、ということである。三笠書房から出版された文庫で知名度が急激に広まりつつあった頃には、江原氏はまだ「お金を還元せよ」とまでは言っていなかった。

スピリチュアル色の軌道修正

三笠書房の文庫よりさらに前、まだ江原氏の名前が一部のスピリチュアル好きな人たちにしか知られていなかった一九九五年一月に出た処女作『自分のための「霊学」のすすめ』（ハート出版、二〇〇一年に『人はなぜ生まれいかに生きるのか』と改題して新装版が出ている）では、最近の著作よりさらに強い口調で、「物質的な喜びは束の間で空しいもの」「世界は経済至上主義という物質信仰によって痛めつけられ、壊れかかっている」と物質至上主義が戒められている。

「お金がほしい、有名になりたいという気持ちがあっても、「霊界はそれを見下したりはしない」が、私たちは「この物質世界で切磋琢磨《せっさたくま》しながら、完成された愛を求めて修行を続け」、「高い神性を求める永遠の向上」を求めなければならない。

そのように、その後の一連の著作よりもかなりむずかしい口調で諭そうとする江原氏自身は、相談に乗ったり本を出したりという自らの行動について、「利益を求めているのではない」「将来は孤独や病に悩める人たちのために、人間らしい愛を奉仕する施設をつくる糧にしたい」と説明する。

ところが、「良いこととは人のために生きることであり、それはまた、世に対する奉仕をすることでもあるのである」と繰り返すこの本は、発売当時はそれほど話題にならなかった。

それは、江原氏自身がまだ、テレビや雑誌で広く知られていなかったからなのだろうか。もちろんそれもあるだろうが、それ以上に「愛と奉仕のために生きよ」というメッセージは、バブルも崩壊し、阪神淡路大震災やオウム真理教事件など未曾有《みぞう》のできごとに見舞われていた当時の日本人にとってはあまりに過酷すぎたからなのではないだろうか。誰もが、自分の身を守るのに精一杯というときに、「人のために生きればあなたも幸せになる」といくら言われても、素直に受け入れられるものではない。

しかも、江原氏のこの教えの根底にあるのは、当然のことながら「霊」や「カルマ」といったスピリチュアリズムなのだが、それもこの処女作ではあまりにストレートに語られすぎている感がある。地下鉄サリン事件の直前、オウム真理教への社会的批判が高まっていた時期に次のようなフレーズが並んだ本が出たとなれば、世間の拒絶反応を引き起こしても仕方ないと言えよう。

高い波長の霊は高い階層へ、低い波長の霊は低い階層へと移動して行き、また無限に続く霊性進化への道を歩むのです。

地球のカルマ（業）は日本のカルマでもあり、それはまた私たち個人のカルマなのです。

おそらく江原氏はこのとき、「カルマや霊、あるいは〝人のために生きよ〟では受け入れられない」と気づき、個人相談に専念しながら、メディアでの発言はもう少し「現世利益」「個人の幸福」にシフトしたものにしようと軌道修正を行ったのではないか。そしてオウム事件がもたらしたスピリチュアル・アレルギーも薄まってきた二〇〇〇年代に入ってそれが実を結び、人気がブレイクしたのであろう。

変わってきた世間の目

三笠書房の文庫本は、「スピリチュアルのエッセンスをちょっとだけ使った女性の生き方本」といった体裁をとっていたが、二〇〇二年にフジテレビ系列で第一回が放映された特番『天国からの手紙』で、江原氏は、いきなり亡くなった家族の遺品などを手がかりに〝霊視〟をし、霊界からのメッセージを〝代読〟するというスピリチュアル色の強いパフォーマンスを行う。しかし、番組は拒絶反応を招くどころかたいへんな評判になり、その年には第二弾、第三弾までが放映されることになるのである。

「幸せになった自分をイメージすれば夢はかないます」などと、アメリカで人気の日常心理学的な言い方を用いる必要はもうない。「自分が霊的な存在であることを忘れてはいけません」とズバリ、スピリチュアルな言い方をしても、誰も「怪しい」「いかがわしい」と遠ざけることはなくなったのである。

江原氏が注意深く自分の発言をソフト路線、ファッショナブル路線に変更しているあいだに、世間のほうが変わってよりハードなスピリチュアルを求めるようになった、と言えるかもしれない。

そのことは、江原氏も十分、自覚している。二〇〇五年二月号の『文藝春秋』には江原氏と作家よしもとばなな氏との対談が掲載されているが、そのタイトルは「『幽体離脱』を二人で語ろう」となっている。十年前であれば人は麻原彰晃の「空中浮遊」を連想して寒気を覚えたかもしれないようなフレーズが、堂々と『文藝春秋』の対談タイトルになっていることが、時代の変化を自ずと語っているだろう。江原氏は言う。

「スピリチュアル研究所」を設立してから十六年になりますが、時代は変わったもんだなと思ってびっくりしてるんです。だって十年前は、霊的世界やスピリチュアリズムなんていうと、キワモノ扱いでした。事務所を借りるとき、不動産屋に仕事の内容を「俗にいう霊能力者みたいなものです」と説明すると、「オウム真理教ですか？」と疑われてなかなか借りにくかったくらい。

よしもと氏も言っている。

私のまわりには、霊感の強い人や、見えないものが「見える」友人が多いんです。ついこの間まではそういう話題は、ごく身内で物陰でひそひそと話すというイメージがありましたけど、今では普通になりましたね。

では、なぜここ十年でそれほどの変化が起きたのか。江原氏はそのことに関しては、次のように説明している。

人々の目が、ようやく物質を超えたスピリチュアルな存在――たましいの方へ向いてきたんですね。僕は「霊」という言葉には、従来の日本の霊能者につきまとう暗いイメージがあるから、「たましい（魂）」と言うことが多いですが。

江原氏にもよしもと氏にも、「霊」や「魂」を認める価値観のほうが正当なものという前提がある。その前提に立てば、人々や世間がその存在を認めるようになってきたことは、よい方向の変化として、高く評価されることになる。

イメチェンの原動力「オーラ」

しかし、これまでスピリチュアルを全面的に否定していた人が、何のきっかけもなく「霊」「魂」と言い出したわけではない。また、「生き方本シリーズ」で江原氏の『成功したい』と強く願いましょう」といった教えを読んでいた読者が、いきなり「高級霊と低級霊」といった概念をすんなり受け入れたわけではないだろう。こういったギャップを埋めるのに大きな役割を果たしたのが、いまではレギュラー番組のタイトルにも使われている「オーラ」である。

第一章でも述べたが、大学で私の授業に出席した一三五人の学生に「人にはその人特有のオーラがあると思いますか」という質問をしてみたところ、「ある」が一〇八人（八〇％）、「わからない」が二一人（一六％）、「ない」と答えたのはわずか六人（四％）だけだった。つまり、この授業に出た大学生の九六％が「オーラ」の存在を否定していない、ということになるのだ。「オーラなんてないよ」とはっきり言い切る学生は、いまではごく少数派なのかもしれない。

かねてからカリスマ性などの独特な雰囲気を持っていることを「あの人にはオーラがある」と言うことはあるが、それと江原啓之氏が見ることができる「オーラ」とは違う。よしもと氏との対談の中で、江原氏は「オーラ」についてこう解説している。

オーラとは、肉体とたましいの放つエネルギーのことですから、生きている人間はみんな持っている。人のオーラはおよそ十二色あり、色によって個性が違います。

そして、よしもと氏の「オーラ」を解読してみせるのである。

さっきからよしもとさんのオーラを見てると、オレンジ色が強いですね。感じたまま、素直に表現したり行動したりするタイプですか。

江原氏は、子ども時代からこの「オーラ」を見ることができたそうで、「小学校では、クラスメートから立ちのぼる色とりどりのオーラに遮られて黒板が見えなくなって、それを先生に言ってても分かってもらえずに、保健室に連れていかれたり」とエピソードを語っている。

「低級霊に憑依されて霊障が起きていますね」などと言われれば不気味に感じる人でも、「あなたのオーラはきれいなグリーンですね」であればすんなり聞くことができるのではないか。また、女性誌の誌面にも、「オーラ」は「地縛霊」「因縁霊」よりもずっとなじみやすい。「輝くオーラを持つ人になれば、周囲の注目を惹《ひ》きつけずにはおきません」といったフレーズは、「波動の力でお金を稼ごう」「宇宙パワーでリッチな彼氏をゲット」ではあまりに現世利益主義的で辟易《へきえき》する人にとっても、すんなり受け入れられるだろう。

江原氏を一気に人気者にした原動力のひとつに、この「オーラ」という概念があったのは間違いない。「オーラ」は、江原氏が初期の頃から主張する「まわりの人に幸せを与えることでしか、人は本当の意味での幸福は手にできない」といった〝霊的法則〟とは直接、関係するものではないが、江原氏から「オウム真理教くささ」を消し去り、怪しい霊能者から人を幸せに導くカウンセラーにイメージチェンジさせるためには、どうしても必要なものだったに違いない。

「個人の幸福」のその先は？

しかし、「オーラ」はあくまでその個人にまつわるものであり、江原氏がいくら「オーラ」の色を見て、意味を解読したとしても、それはその本人自身の分析、助言にしかならない。たとえば、「あなたのオーラは赤で情熱的な性格だから、アーティストに向いている」という具合だ。自分の「オーラ」にこだわるかぎり、「人のために何かをする」という方向にはなかなか進みようがない。

このあたりに江原氏はジレンマを感じているようで、対談の中でよしもと氏にこう打ち明けている。

確かに中には、カウンセリングによって霊的存在に目覚め、自分のたましいを磨くようになる人もいます。でも〝喉元すぎれば熱さを忘れる〟で、現場では感動して自分の生き方を変えると言っているけれども、すぐにたましいのことなどどうでもよくなり、次に困ったことが起こるとＥＲ（救命救急センター）に駆け込むようにやって来る人の方が多いですね。

もっとひどい例では、物質主義的価値観ばかり強くて、「どうすれば商売がうまくいくか」にしか関心がなく、「拝み屋」に現世利益を求める感じでやってくる人もけっこういました。

一般の人たちにもスピリチュアルを知ってもらうためには、まずそれが決して世俗からかけ離れたものではないこと、「現世利益」「個人の幸福」を追求するものでもあることを強調しなければならない。

しかし、それはあくまでスピリチュアルの入り口でしかなく、本当はその先にある「たましいを磨くこと」「自分のためではなく他人の幸せのために何かをすること」を目指さなければならないのに、人はなかなかそこに向かおうとせずに、いつまでも「私のオーラは何色？　どうすればもっとお金がもうかるの？」としか言わない。自分を世に広めた「オーラ」によって、いまでは逆に活動を妨げられている。それが、最近の江原氏なのではないだろうか。

しかし、いずれにしても江原氏は、その『となりのトトロ』にも似たユーモラスで安定感を感じさせる巨体で、「お金や恋愛などの現世利益」「個人の幸福」「死後の生や生まれ変わり」「家族を失った悲しみの軽減」などこれまで多くのスピリチュアル専門家たちがカバーしてきた領域のほとんどの要素と、それに加えて「他者の幸せ」、さらに後にまた述べるが「世界の平和」までを、たったひとりで供与することができるスピリチュアル界のスーパーマン的存在であることは確かだろう。

第4章　スピリチュアルで癒されたい

愛もお金もポジティブな口ぐせで

これまでの章で、現代のスピリチュアル本やカリスマ指導者たちのメッセージから、その大きな共通点として「徹底的な現世利益主義」と「追求するのはあくまでも個人の幸福」というふたつをあげた。

「現世利益」には、お金、仕事、恋愛や結婚、健康や美、病の治癒、死の恐怖や別離の悲しみの解消などが含まれている。「現世」という以上、その内容は世につれ時代につれ、変わっていく。たとえば十年ほど前であれば、若い女性や主婦たちがこれほどあからさまに「お金が好き！」とは口にしなかったはずだ。

「オーラ」や「波動」といったことばは出てこないが、目的とするものは「お金」「恋愛」など一連の女性向けスピリチュアル本とまったく同じ、というシリーズ本がある。医学博士、農学博士などの肩書きを持つ佐藤富雄氏の、「愛されてお金持ちになる」シリーズだ。シリーズ全体での売り上げは、九十万部を超えるというベストセラーだ。佐藤氏はオフィシャルサイトで次のように言っている。

人は皆、思い通りの人生をおくることができるのです。それは、実はとてもシンプルなことなのです。秘訣は心と体のしくみを知ることにあります。これを知ったら、あとは実践するだけです。

たしかに「心と体のしくみ」を正しく知ることができれば、ある程度は思い通りに人生を進められるかもしれない。しかし、その「しくみ」がわからないからこそ医学や心理学が解明に取り組んでいるわけであるし、多くの人はままならない心や体に翻弄されて苦労している。

では、科学者であるはずの佐藤博士は、長年の研究により人類最大のテーマとも言える「心と体のしくみ」の真理をついに解き明かしたのであろうか。

「愛されてお金持ちになる」シリーズを読んでみても、そのあたりについては詳しくは書かれていない。ただ、「心と体」のコントロール法に関しては、著者はきわめてはっきり主張している。それによると、「心」を思い通りにするために最も大切なことは

「ポジティブな口ぐせ」、「体」を思い通りにするほうは「ウォーキング」なのだそうだ。

「ポジティブな口ぐせ」とは、たとえば誰かに何かをしてもらったときには「すみません」ではなくて「ありがとう」と言うなど、とにかく否定的な意味を持つ単語は極力使わずに表現せよ、ということだ。朝起きたときも、「まだ眠り足りないな」「また会社か」ではなく、「ああ、よく寝た」「いい朝だ」などと口にする。

ほかにも佐藤氏がすすめている口ぐせには「私は自分らしく楽しみながら夢をかなえる人です」といったいかにもポジティブなフレーズもあるが、その中でもやや特殊な印象を受けるのが「お父さんお母さん生んでくれてありがとう」というものだ。

いま生きているだけでツイている

たとえば、佐藤氏のファンと自称する女性が、自分のブログにこんな感想文を記している。

誕生日は自分が生まれた日と思っていましたが、母親が苦しみに耐えて自分を生んでくれた日でもあるのだと気づきました。今年の誕生日には、母に電話をして『お母さん、三十五年前の今日、私を生んでくれてありがとう』と伝えました。ちょっと恥ずかしかったけれど、私も母もとても感動しました。

そして同時に佐藤氏は、両親に「生んでもらい」、この世にいま存在していることは奇跡そのものであり、それだけで「遺伝子の勝ち組」だともいっている。別のファンは、こう記している。

改めて考えてみると、ほんとうに佐藤先生の言う通りで、今、こうして生きていることが奇跡だと思えてきます。
両親がいなかったら、自分はこの世にいない。おじいさん、おばあさんがいなかったら、両親はこの世にいない。そして、自分もこの世にいない。
この世に存在していることが、それだけでもうツイてる！

こういった点を見ると、佐藤氏が指南しようとしているのは、単に「口ぐせ」や「ウォーキング」による恋愛や仕事の成功術だとは言えなくなる。その先あるいは元にあるのは、「生まれたことへの感謝」のすすめであり、「実はこうして生まれただけで奇跡なのだ」という価値観だ。そうなると、お金もうけや恋愛の成功はすでにたいした目的ではないように思えてくる。

そして、「生まれたことは奇跡」と言った瞬間に、佐藤氏の主張は、再びスピリチュアル本に書かれている内容ともつながってくるのだ。

奇跡はすでに起きている

スピリチュアル本でも、お金や恋愛といった具体的で現実的な話のあとに、「生まれた意味」や「存在の奇跡」といった大きなテーマが突然、出てくる場合が少なくない。しかも、これもまた佐藤氏とスピリチュアル本の大きな共通点と言えるのだが、その「奇跡」はこれから起こすものではなく「すでに起きている」ものであること、さらにはその「奇跡」は偶然ではなくて必然であったり、自らが選んで起こしたものであるものとして書かれる。

たとえば、前の章でも紹介した中野裕弓氏の『幸運！スピリチュアル・ライフ』にも、「私たちが生まれてきた目的とは？」という章があるのだが、そこにはこんな記述が並んでいる。

私たちの本質が神ならば、なぜ私たちは完璧なものとして生まれてこなかったのでしょう？（中略）

それは、私たちが生まれてきた目的が〝学び〟または「研究」にあるからです。

私たちは、ある〝学び〟のシナリオを持ってこの地球上にやってきています。

〝学び〟のシナリオは〝宿題〟と言い換えてもいいでしょう。

「この人生ではこんなことを学ぼう」

そう決めたら、その宿題が遂行しやすいような状況を自ら選んで生まれてくるのです。

そして、「私たちは誰もがみな、無限の知恵と力を持った光輝く存在」だと強調するのだ。

〝ミラクルハッピーなみちゃん〟こと佳川奈未氏の本の表紙には、「あなたはすでに、魔法の力を持っている！」というフレーズが記されている。佳川氏の本でも、「奇跡」ということばがよく登場するのだが、その「奇跡」を起こすための「魔法の力」はすでに誰にも備わっているものであり、あとはそれに気づくかどうかだけの問題だ、と繰り返されているのである。

こうなると、「恋愛やお金をゲット」という目的と「あなたの存在は奇跡」という本質は佐藤氏のシリーズ本も一連のスピリチュアル本も同じで、異なるのはそのあいだにあるものがスピリチュアルでは「波動」や「前世」で、佐藤氏の本では「口ぐせ」「ウォーキング」だということだけ、という気もしてくる。

生まれてきたのは私の意思

さらに、この「生まれた奇跡」「存在への感謝」そのものを前面に押し出しているスピリチュアル本も少なくない。

たとえば、一時、書店で「女性の生き方コーナー」などに平積みにされていた『あなたが生まれてきた理由《わけ》』（高橋佳子著、三宝出版、二〇〇五年）もそのひとつだ。その中には「人は偶然に生まれてきたのではない」という章があり、イチロー選手や北島康介選手などの例をあげながら、「人生のすべての出会いは必然である」と述べられている。

ただ、この本の著者はその必然をもたらすものは「宇宙を貫くエネルギー」だとして、自分の意思でそれを選んだとまでは言っていない。そのエネルギーの法則は「魂の因果律」と呼ばれており、それを読み解くことができれば、新しく生まれ変わって人生を思い通りにできる、と主張しているのだ。

その具体的な読み解き方は、本書では明らかにされていない。おそらくそれを知りたければ著者が主宰する「ＧＬＡ」という組織に入って研鑽せよ、ということなのだろう。このあたりは、「読むだけでハッピーになれる」という最近のスピリチュアル本とやや違っている。

また、前章でも紹介したように、現在は『人はなぜ生まれいかに生きるのか』というタイトルで刊行されている江原啓之氏の処女作も、真っ向から「生まれた意味」をテーマにした本である。ここでも「生まれたのは偶然ではない」ということばが使われている。そしてさらに江原氏は、その必然を起こしたのはほかでもない自分自身の意思である、ということも断言しているのである。

私たちがこの時代、現代に生まれて生きているということは、決して偶然ではなく、大変重要な意味を持っているのです。
私たちはどこからやって来たのでしょう？　答えは霊界にあります。（中略）私たちは霊界から魂を分けて、自らの目的を果たすため一番ふさわしい親を選び、国を選び、時代を選んで生まれてきました。

つまり、スピリチュアルでは「生んでくれてありがとう」と生命を授けてくれた親への感謝をすすめながら、実はその親を選んで生まれてきたのは自分の意思なのだ、という、ともすれば逆説的な主張もされているのである。

「死後の生命」や「生まれ変わり」を信じることで、「愛する人との別離」を乗り越え、生きがいのある人生を得られる、と説く飯田史彦氏もまた、「すべてのことには意味がある」という。もちろん、その中には「自分が生まれたこと」も含まれている。そして飯田氏もまた、両親を誰にするかをはじめとして、「この世の環境を選ぶのは、私たち自身」とその能動性を主張するのである。

しかも、飯田氏によれば、私たちはこの世に生まれてくるとき、あえて苦難や孤独を選ぶことさえある。それは、「わざと厳しい条件に身をおき、一定の試練を受けることによって、大きく成長する機会を設けている」からだという。自分で気づいていないだけで、私たちは誰もがとてつもない〝修行好き〟ということなのだろうか。夭逝さえ、飯田氏によれば「若くしてこの世を去ること自体が、その人や家族にとって特定の大きな意味を持っている」という場合があるそうなのだ。

アダルト・チルドレンの逆バージョン

この「生まれたのは私の意思」というスピリチュアル特有の徹底的に能動的な説明について、心理学者の信田さよ子氏が論文の中でくわしく分析しているので紹介したい（「タイム・トリップの快感？　江原啓之と前世ブームが意味するもの」『論座』二〇〇六年六月号）。

信田氏は、原宿カウンセリングセンターの所長として、長年、若い人の心のケアにあたり、日本におけるアダルト・チルドレン研究の第一人者として知られている。ちなみに信田氏によるアダルト・チルドレン（以下ＡＣ）の定義は、「現在の生きづらさが親との関係に起因すると認めたひと」である。

自分がＡＣだと自覚した人は、とかく「私がうまく生きられないのは親のせいだ」と両親を責めがちで、この概念の発祥の地であるアメリカでは子どもによる親の訴訟も頻繁に起きている。

信田氏によると、この「自分に責任はない、親のせいだ」という自覚は、次のステップである「自分の背負うべき責任」に目覚めるためのひとつの通過点だということだが、そこに至らずに親を責めたてる例ばかりがマスコミで取り上げられた。信田氏は言う。

九六年の流行語にまでなったACだが、このことばが歓迎され、同時に嫌悪にも似たバッシングを引き起こしたのは、「あなたに責任はない」という免責性（イノセンス）の強調にあった。

まわりに「私はエハラー」と江原氏ファンを自称する人があまりに多いことなどがきっかけとなり、その著作を読んだ信田氏は「〝アダルト・チルドレンの逆バージョン〟」と感じたという。「ACの逆バージョン」とは何か。『江原啓之のスピリチュアル子育て』（三笠書房、二〇〇二年）という本に関する信田氏の分析から引用しよう。

子どもが生まれたのは子どもの選択によってであり、選択責任は子どもにある、と江原は述べる。しかも選ばれた責任が親に発生するとは書いていない。読者である親たちも自分の親を選んだことになるのだが、その点には触れていない。あくまでも育児書だから、その点は不問に付すことができる仕組みになっているのである。

(中略)

……江原が何度も「選ぶ」「意志」ということばを使用しているのは、偶然やなりゆきではないことを強調するためであろう。読者に届けられるのは、選ばれた親であるあなた、全部子どもが選んだのだからあなたは悩むことはないというメッセージである。

つまり同書は、「子のイノセンス」ではなく「親のイノセンス」のために書かれた本である。

親の免罪＝子の自己責任？

では、「あなたはこの時代、この性、この親を選んで生まれてきた」と説く、誕生や人生の自己決定論派とも言える江原氏をはじめとするスピリチュアリストたちは、「だから親に責任はない」と「親のイノセンス」を主張すると同時に、「自分で選んだのだから、人生に責任をとりなさい」と「子の自己責任」を促しているのだろうか。

信田氏が驚いた「エハラー」と呼ばれる熱狂的江原ファンたちは、「自分で決めて生まれたのだから、しっかり生きよう」とそれだけで前向きな気持ちになっているのだろうか。

主に「家族との死別を体験した人」に向けて書かれた本ということを考えると、その読者対象は江原氏よりも年上と考えられる飯田史彦氏は、たしかに、自己責任で前向きに生きよと説いている。飯田氏は、スピリチュアルなひとつの仮説を紹介したあと、それを実際の人生にどう応用するかを解説する。抜粋しながら紹介しよう（『［新版］生きがいの創造』）。

仮説　人生で直面するすべての事象には意味や価値があり、すべての体験は、予定通りに順調な学びの過程なのである。

解説　このような仮説を人生を前向きに生きるための道具として活用すれば、すべての責任を自分に求めることによって、かえって「誰のせいでもないのだ」「自分はほかの人から被害を受けているわけではないのだ」「すべてのことは、自分のために起きている、順調な出来事なのだ」という、安堵《あんど》感・納得感を得ることができます。

このように考えれば、私たちの人生から、挫折や不運や失敗という言葉が、すべて消えてしまいます。

読者が本当にこの通りに生きたとしたら、「あの人のせいでひどい目にあった」と自分を棚に上げてすぐに他罰的に親や職場の上司を責める人もいなくなるかわりに、権力にとっては、何があっても異議申し立てをしない御しやすい人になってしまうのではないだろうか、と心配したくもなる。

ただ少なくとも江原氏の読者は、「あなたの意思でこの人生を選んだのだから」と言われるだけでは、「この親や職場を選んだのも私なのだから」と責任を感じて前向きな生き方に踏み切ることはできないようだ。

江原氏はよく、「因果の法則」という自ら作った法則を引きながら、「すべての出来事は自己責任によって起こるということを認識しなさい」というが、これは「人の悪口を言えば、必ず自分も言われる」といった程度のことで、苦難の人生さえ自分の意思で選択したという意味での自己責任ではないこともつけ加えておこう。

限りなく内向きな問い

信田氏は同じ論文の中で、女性誌の「お悩み相談」の回答者として取材を受けた体験を語る。高学歴の働く女性を対象とした雑誌であったのだが、その悩みは「自信をつける方法は?」「自己肯定感を高める方法は?」「前向き思考になれる方法は?」の三つに分類され、さらに言えばそれらは「すべて自分にはね返って来るように構成された内向きな問い」と集約されることがわかったそうだ。

周囲の人間関係や会社のシステム、その先の社会や政治が悪いのではない。すべて、私が悪いのだ。私さえ変われば、この苦しみから解放されて癒されるはず。女性たちのそんな姿を見て、信田氏はこう思う。

彼女たちの抱える問題や悩みはこのように個人化・心理化され、最後は「自己責任」へと回収されていくのである。

ACの治療を通じて、「被害を与えた家族などの〝加害者〟の責任追及」を経て、「近代家族の歴史性や権力構造の認識という脱近代を目指す外向きの方向性」を目指してきた信田氏にとって、働く女性たちがいま、「私さえ癒されれば。もうちょっと自信が持てれば」と限りなく非歴史的で内向きな方向性しか持ち得ていない、という現実はかなりの衝撃だったようだ。

実際、彼女たちが求めているのは、積極的な自信の持ち方といったスキルを身につけることですらない。内向きに構成された問いが最後に求めるのは、「そのままのあなたでいい」「自分の中にいる本当の自分を愛そう」といった受容や慰撫のことばなのだ。

「悪いのは私なんです」

フェミニズム・カウンセリングと呼ばれる分野でも、直面している状況は同じであるようだ。

この流れを汲むカウンセラーたちは、「パーソナル・イズ・ポリティカル」を合言葉に、女性が抱えている問題は、すべてその個人や内面に限定された問題ではなく、「女性であること」が生む社会的、政治的問題に還元されるのだ、という観点でカウンセリングを進めていく。セクハラ、ストーカー被害、ドメスティックバイオレンスなど、これまで女性が長いあいだ「私が悪いからこんな目にあっているんだ」「ひどい仕打ちを受けるのは私がちゃんとしていないからだ」と思い込んできた問題が、実は女性全体の地位や処遇、あるいはその社会の価値観と直接、関係した問題であることも明らかになり、それで救われた女性も大勢いる。

ところが状況は再び変わりつつある。「あなたの悩みは、社会的、政治的な次元の問題ですよ」と言われるのを望まない、あるいはそう言われても解放されない人が、増えているようなのだ。

フェミニズム・カウンセリングの第一人者である河野貴代美氏は、その著作『わたしって共依存？』（日本放送出版協会、二〇〇六年）の中で、この本の執筆のきっかけになったのは、『陽の当たる場所から』という映画だったと語っている。いや、正確にはこの映画の公開記念シンポジウムである。

映画は、若手女性精神科医が自分の前から姿を消した患者の予後が気になって、ついにはその様子を見届けたいと外国まで出かけてしまう、というやや偏執狂的な内容の異色作品だ。配給会社は、主人公の精神科医と患者はともに人間関係依存に陥っているいわゆる共依存状態なのではないか、というある専門家の解説を受けて、シンポジウムにその問題に詳しい河野氏も呼んだのだ。

河野氏が驚いたのはこの映画やシンポジウムそのものにではなく、その後の参加者の反応にである。「私と母親もまさに共依存です」と、映画を離れて自分の共依存を語ろうとする人たちからのメールや手紙が相次いだのだという。

ふた昔前なら彼女たちは、「悪いのは女性を取り巻く社会の仕組みだ」と自分の問題の責任を社会に求めようとしたかもしれない。ひと昔前には、「悪いのは母親で、機能不全家族に生まれた私は犠牲者です」と親に加害責任を求めたはずだ。

それがいまでは、「問題は共依存を起こしている私にあるのです」と自ら申告しようとする。ここに至れば彼女たちは、もう社会や政治に責任を追及しようとも、親に抗議を申し立てようともしない。「私さえ変われば」問題は解決する、と信じているのだ。信田氏の言う「非歴史的な内向き志向」がここにも認められる。

許され、受け入れられたい人たち

とはいえ、これまた信田氏が指摘しているように、「悪いのは私なんです」というストイックな彼女たちは、決してカウンセラーである信田氏や河野氏にも「本当にそうですね。反省してください」と叱責されることを望んでいるわけではない。「どうすれば変われるんでしょう？」とおずおずとカウンセラーに問うてくる彼女たちが求めているのは、「そのままでいいのですよ」「自分をもっと好きになれば道は開けます」という受容、肯定、慰めのことばなのである。私が悪いのだから、厳しいトレーニングでも修行でも何でもして自分の心を鍛えたい、と覚悟して、彼女たちはカウンセラーのもとを訪れるわけではないのだ。

それに、人生で一定の努力とそれに見合った結果を得てきている年上世代なら、飯田氏に「すべては自分で選んだのだから、修行だと思って喜んで苦難を受け入れなさい」と説かれて、すんなり受け入れることもできるかもしれないが、いまの若い人たちをめぐる状況はよりシビアだ。

『希望格差社会』の著者である山田昌弘氏は、雑誌『文藝春秋』（二〇〇六年十月号）の中で安易な「格差拡大論」に警鐘を鳴らしながらも、「努力しても報われない人々」の出現は認めている。

いくら一生懸命働いても、将来の生活水準の上昇が見込めない人が出てきていることも事実なのである。（中略）

努力しても生活水準が上がらない人々は、様々な領域で現れる。最も典型的なのは、フリーターなど非正規雇用の若者であろう。

このような状況の中で、それさえ自分で選んだのだから心して受け入れろ、と言われても、これから四十年も五十年も続くと思われる低生活水準の人生を「自己責任だ」と引き受けることなど、多くの人には不可能なのではないか。

江原氏の読者の中心層と思われる二十代から四十代の女性たちは、とかく内向き志向で自責的になりがちだが、自己責任ですべてを引き受けるほどの強さはなく、どこかで「悪いのはあなたじゃない」「そのままでいい」と、許され、受け入れられることも望んでいる人たち、とまとめることもできるだろう。

超越的世界からの助言

では、「そのままでいいんですよ」ということばであればどんな人からのものでもいいか、というとそれも違う。おそらく自分と似たような年齢や立場の人からの慰めは、気休めにしか聞こえないはずだ。

カウンセラーでも、信田氏や河野氏のように「この人にまかせておけば安心」という独特の存在感やカリスマ性を持った人であればよいが、自信なげな女性や鈍感そうな男性のカウンセラーに「あなたの場合、自己肯定感の低下が問題ですね。これはアドラー心理学的に言いますと」などと現実的、知的にあれこれ解説されても、不安は増すばかりだ。

極端な内向き志向に陥っている人に対しては、社会や政治、歴史といった中間的、現実的世界を一挙に飛び越えた先からの助言、たとえば「そのままで大丈夫です。あなたは生まれる前から守護霊に守られていますから」といったことばのほうが、ずっと効果的なのではないだろうか。

「問題は社会にある」と話を広げられてもピンとこない人が、逆に「問題は生まれる前の霊的世界にある」というレベルまで話を広げると、ストンと腑に落ちる。「悪いのはあなたではない、政治だ」では納得いかない人も、「悪いのはあなたではない、前世だ」と言われると納得する。狭いほうへ、狭いほうへ、と内向き志向が進んだ果てに、いきなり広大な超越的世界に突き抜けてしまうかのようである。

そして、「大丈夫ですよ」「そのままでいいんですよ」と超越的世界から自分を肯定してくれるカウンセラーとして、江原氏はまさにうってつけの人だと言える。オペラ好きで知られる江原氏だが、自らもオペラ歌手のパバロッティを思わせる体格の持ち主だ。巨体を和服に包んで江原氏が現れると、それだけで日常とは違う厳粛な雰囲気がかもし出されるだろう。

そして肉体こそ威圧的な江原氏だが、顔つきや声はうって変わって柔和だ。目や眉毛は細くてやや下がり気味、いつも笑みを絶やさず、相手の言うことを決して否定せずに「うんうん」と受け入れる。「オーラ」や「前世」などについて語るときも、霊能者と呼ばれる人にありがちな威厳のある大声ではなくて、あくまでやさしい声、ことばで話す。

つまり、身体的には〝大男〟に分類される江原氏であるが、その表情や物腰は決してマッチョではなく、むしろフェミニンといえる。しかも、フェミニンといっても『オーラの泉』にともに出演している美輪明宏氏のような過剰ともいえる女性っぽさではなく、「男でも女でもない雰囲気」というのがより正確な言い方かもしれない。

江原氏を見て、「ドラえもん」やテディベア、あるいは「となりのトトロ」を連想する人もいるようだが、たしかにイメージ的には「人間の男性」よりも「この世にはいない大きな動物」に近いかもしれない。

シェルターとしてのぬいぐるみ

では、外見や表情が「性別を感じさせない大きな動物」のようなイメージというのは、何か特別な意味を持っているのだろうか。

精神分析学者のウィニコットは、大勢の乳幼児を観察する過程で、生後六カ月から一年の子どもが、特定のタオル、毛布やぬいぐるみなど柔らかくふわふわした対象に執着するという現象を発見した。

そしてウィニコットは、このぬいぐるみや毛布などは、自分と母親だけの閉じた関係、内的な世界から、第三者がいる外的世界へ出て行く途中の中間領域に存在する特殊なものなのだ、と考えるようになり、それに「移行対象」という名前をつけた。マンガ『ピーナッツ』に出てくるライナスが肌身離さず持っている毛布が、この移行対象の代表的な例だと言われている。

この幼児期の移行対象はそれじたい病的なものではなく、自分や母親以外の対象物へと関心が向かう自立心が芽生えてくる時期に現れるもので、外の世界に出て行く子どもを勇気づけ、慰めるものだと考えられる。子どもが、友だちや親以外のおとながたくさんいる外の世界でも過ごせるようになれば、この移行対象は役目を終えることが多い。たとえば、子どもが、ボロボロになっても絶対に手放さなかったぬいぐるみを突然、家に置いてひとりで遊びに出かける日がくることがあるが、これなどもその子がもう移行対象を必要としなくなったからと考えられる。

しかし、いったん移行対象や、それがいた内的世界と外的世界との橋わたし役をしていた中間領域が必要なくなったからといっても、人はその後も折にふれて、それがあったことを思い出したり、ときにはもっと積極的にその存在を必要としたりすることがある。とくに、心が弱ったときや入学や就職で環境が変わったときなどには、〝子どもがえり〟をしてこの中間領域に退行する場合も少なくない。

たとえばあるとき、「会社の自分のパソコンの上にキティちゃんなどのキャラクターぬいぐるみを並べる女性が増えている」という現象について、雑誌の取材を受けたことがあった。

ある企業の写真を見せてもらったのだが、たしかにデスクのパソコンの上やまわりは小さなぬいぐるみで囲まれ、あたかもキティちゃんたちが守る要塞のような様相を呈している。おそらく彼女たちにとって、その外は魑魅魍魎《ちみもうりょう》がうごめく外的世界であり、移行対象たちが並ぶ塀を境に、その中は安心して過ごせる内的世界、ということなのだろう。

とは言え、一般的に考えて、おとなが会社という公共空間に、中間領域や移行対象、さらには内的世界をここまではっきり必要としている、というのはやはりおかしな話だ。彼女たちにとっては、「デスクの上だけは誰も入ってこない安心できる場所」とでも思わなければそこにいられないほど、職場という他者が大勢いるところは恐ろしくて耐えがたい場所、ということかもしれないが。

いずれにしても、中間領域は、人が一時避難するためのシェルターとして、子ども時代に一度は消えても、そのあともいつも心のどこかにキープされていること、そして要請があればおとなになってからもいつでも再出現が可能であることは、この例でも明らかだろう。

おとなも「トトロ」を求めている

繰り返しになるが、この中間領域から内側には、自分を傷つけるような外敵はいない。そこにいるのは、「大丈夫だよ」「キミには何でもできるよ」と励ましてくれる移行対象だけである。さらにその背後には、そういった移行対象を最初に与えてくれたやさしい親もいる。

移行対象が背中を押してくれただけではなかなか外の世界に向かい合えないときは、外に向かうのをやめて、移行対象に頬を寄せたりもたれかかったりして、その柔らかさやふわふわした心地よさを味わうこともできる。そのためにも、移行対象はぬいぐるみのようにそれじたい柔らかい素材で作られているか、おとなに人気のキャラクター〝たれぱんだ〟や〝リラックマ〟のようにふにゃふにゃしたものとして描かれているほうがよいのである。

毛皮のような素材やタオル地でできた移行対象に顔をつけたりくるまったりしていると、人は「私は子ども時代と同じように守られているんだ」と安心することができるのだ。

大塚英志氏はかねてから、『となりのトトロ』に出てくるトトロなどのキャラクターが、多くの人たちにとって移行対象としての役割を果たしていると指摘している。

ネコバスもトトロも、たしかに存在はするのだが、それを必要としている子どもとイヌなどの動物にしか見ることができない。トトロはふだんは〝まったり〟しているだけだが、主人公の妹がいなくなったなどという一大事では、打って変わってテキパキと動き出し、大活躍を見せる。そして、自分の役割が終わったと知ると、トトロたちはそっと姿を消す。

大塚氏は、「アニメで、これほどふわふわした毛並みの質感が描かれたのは初めて」という。たしかに、主人公が落下してトトロのおなかにポンと着地するシーンなどを見ると、誰もが「何も考えずにこんなに柔らかく暖かそうなものに包まれて眠れたら」など思うのではないだろうか。

トトロが子どものみならずおとなにも爆発的にヒットし、いまなお高い人気を保っていることからもわかるように、とくに九〇年代以降、移行対象や中間世界を必要とする人は増えていると考えられる。

キャラクターブームとともにいまは空前のペットブームだと言われるが、ものいわぬイヌやネコの毛に顔を埋めて〝癒し〟を感じている人たちは、ペットにふわふわのトトロのような移行対象的な役割を求めていると考えられる。

超越世界か「中間領域」か

高度成長もバブル景気も終わったいま、もはや社会に夢を見ることは難しい。「自分を見つめよう」と自己分析や自己啓発を強いられてどんどん内向き志向になっていく中で、前世や守護霊などがいる超越世界に「あなたは大丈夫」という自己肯定を求める動きがあることは、先ほども指摘した。

内的世界、中間領域、外的世界という三層構造は、スピリチュアルなものではなくてウィニコットが考えた心と対象の関係を表す図式である。多くの人にとっていま、外的世界はあまりに厳しいものであるために退縮しており、かわりに守護霊や前世などが位置づけられる超越世界がその外側にある。こんな四層構造を考えることもできるのではないか。

江原啓之氏のことばは、その最外層の超越世界のメッセージである。しかし、実は江原氏自身は、近寄りがたい超越世界の住人ではないようだ。彼がいるのは、トトロやリラックマがいるのと同じ中間領域である。

超越世界からやってきた凄みを極力見せずに、トトロのような柔らかそうな巨体とやさしげな声、笑顔で、自分が多くの人たちの移行対象であることを積極的に引き受けようとしているように見えるのである。

さらに言えば、最外層にあると仮定した超越世界も、よく見ると実は、この中間領域の性質を多く備えていることがわかる。

たとえば『となりのトトロ』では、トトロやネコバスは子どもと動物にしか見えないものであった。江原氏の自伝によると、江原氏は若いときから下宿の部屋などで浄霊されていない下級霊を見ていたそうだが、それを見ることができたのは、江原氏と飼っていたネコだったという点は、トトロの場合と相通じるところがある。

イヌやネコが突然、宙に向かって鳴いたり吠えたりするというのは、動物を飼ったことのある人なら誰でも経験したことがある現象のはずだ。「こういうときは霊が見えてるんだって」と古くからよく言われてきたが、江原氏はそれが迷信ではなく事実だと認めているのだ。しかし、江原氏が持つ霊視という特殊な能力を、なぜどこにでもいるネコが自然に備えているのかについて詳しく語っているものは、見つけられなかった。

では、なぜ『となりのトトロ』で、イヌは宙を飛ぶネコバスを見て「ワンワン」と吠えるものとして描かれたのだろう。それは、先ほども述べたように、ペットのイヌそのものが人間にとってはネコバスと同じ、移行対象的な役割を果たしているからである。同じ中間領域に住む移行対象どうしだから、あの作品の中のイヌはおとなには見えないネコバスを見ることができるのである。

その考えをあてはめれば、両親を失いさまざまな霊の障害、霊障に煩わされていた学生時代の江原氏を、唯一、慰める存在だったネコは、当時の江原氏にとっての移行対象ということになる。そのネコに見えたのだとしたら、霊もまた中間領域に住む移行対象的なものだとも考えられるのではないか。

もちろん、「超越世界だと思っていたところは実は、外的世界より内側の中間領域で、守護霊、オーラ、前世、臨死体験などは現代人にとっての新しい移行対象である」などといえば、スピリチュアルを信奉する人は激しく抵抗するであろう。

しかし、限りない内向き志向に陥り、「私さえ変われば」と言いながらも、心のどこかで「そのままでいいんだよ」という声も求めている人たちが求める安らぎの場所とは、本来であれば中間領域であるはずなのだ。

霊の世界は自他いっしょくた

では、江原氏などスピリチュアルの指導者やカリスマが「霊的世界」「広大な宇宙」などと呼ぶ超越世界とは、実はかつて私たちもそこを通過したことがあるはずの中間領域のことなのだろうか。

精神分析の概念とスピリチュアルの概念を比較することじたいに矛盾があるのだが、あえてそうしてみると、そこにはひとつだけ大きな違いがある。それは、霊の世界などの超越世界にはそれなりの構造があり、さらには多くの人がそれを共有している、あるいはしようとしている、ということだ。

たとえば、江原氏が説く「死後の世界」には、「幽現界／幽界／霊界／神界」といったかなり厳密な構造があるようだ。また、そこには八つの法則があり、現世を経て「死後の世界」へ移ることになっている人間も、その八つの法則に従って生きていかなければならない、と言われる。中間領域や移行対象はあくまで個別のものなのだが、霊の世界やそこでのルールやできごとは普遍的なものとして共有することが求められるのである。

江原氏の「八つの法則」の中には、直接的に「共有と連帯」を説いているものがある。それを紹介してみよう（『スピリチュアル　プチお祓《はら》いブック』二〇〇三年、マガジンハウス）。

類魂の法則

私達は決して一人ではない。誰もが霊界というたましいのふるさとに強い絆で結ばれた、魂の家族＝類魂（グループ・ソウル）を持っている。これが「類魂」の法則です。コップの水を類魂（グループ・ソウル）にたとえるならば、私達のたましいは一滴の水。現世でさまざまな経験を積んで修行を終えた私達のたましいは、霊界へ帰るとコップの中へ戻り、類魂（グループ・ソウル）と交じり合います。それそれが経験して学んだことは、類魂（グループ・ソウル）全体の叡智となっていくのです。広い意味で捉えれば、すべてのたましいが類魂（グループ・ソウル）なのであり、私達はみな、神の子どもなのです。

つまり、江原氏が考える「霊の世界」は、他の人の魂との融合も起きる〝自他いっしょくたの世界〟なのである。これは、あくまで個人の次元の話であるウィニコットの中間領域や移行対象の理論とは、決定的に違っている。

しかし実はウィニコット自身も、「用済みになった移行対象はリンボ界に行く」と謎めいたことを言っている。この「リンボ界」とはキリスト教用語で、洗礼を受けずに死んだために、天国に行けない子どもたちの行き場所となる、天国と地獄の「境界領域」なのだそうだ。

つまり、その定義から考えれば、リンボ界はほかの人たちと共有される場所であるはずなのだ。中間領域が私的な場所なのに、なぜそこにあった移行対象が赴くのが普遍的、公共的なリンボ界であるのかは、ウィニコットもこれ以上、説明していないのでよくわからない。ただ、それほど深く考えるようなことではなく、ウィニコットがちょっとしたウィットでそう言った可能性もある。

一方、江原氏が「霊界は人々の魂がいっしょに暮らす公共領域」と言うのには、もっと深い意味があるようだ。

ウィニコットの中間領域と江原氏の超越世界にはこのように重なる点が多くあるが、決定的な違いは「個人的／普遍的」「私的／公共的」というところにあるようだ。

目指すはユング的世界?

この差異は、精神分析学の祖であるフロイトとユングの対立を連想させるものがある。

当初、フロイトととても親密な関係にあったユングは、フロイトの無意識の概念をさらに発展させ、無意識を次のようにふたつに分けて考えようとした。

ユングによれば、無意識のある程度まで表面的な層は、その人のそれまでの生活史の中で形成された、個人的なものである。しかし、個人的無意識のさらに深くには、個人的に経験されたり獲得されたりしたものではない、全人類に共通する、生得的な層があるという。これが、ユング心理学の重要な概念である、いわゆる「集合的無意識」である。

この「人類に共通している心の層」である集合的無意識は、全世界に共通している神話的なイメージの供給源にもなっている。また、夢で行ったこともない草原や火山など原始の風景を見ることがあるが、これも集合的無意識が夢に登場したものと言われる。

フロイトの無意識の概念がもっぱら個人的な無意識を強調するものであったのに対し、ユングはこの集合的無意識の概念に執着したため、両者は決別することになった。

これに倣って考えれば、江原氏は、集合的無意識ならぬ集合的中間領域の概念を提唱しようとしている、と言えるのかもしれない。

おそらく江原氏自身はこう言われたら、自分が解き明かしているのはあくまで超越的な霊の世界であって、内的世界と外的世界のあいだに位置する中間領域などではない、と主張するだろう。しかし、中間領域や移行対象を求め、依存する人が増えてきたことと、江原流スピリチュアルが爆発的ブームになったことに何らかの関係があるのは間違いない。

江原氏のホームページのトップページには、ほかのメッセージとは毛色の違う次のような文章が載っている。

文藝春秋社発行の『週刊文春』二月二十三日発売号における掲載記事、『江原啓之　暴行と猫虐待』は事実無根の中傷記事であり、このような形で掲載されたことを誠に遺憾に思います。

当該記事は江原啓之の名誉と社会的信用を傷つけるものであり、スピリチュアリズム研究所としても見過ごす訳にはいきません。現在、民事訴訟等の法的対抗手段も視野に入れた江原啓之の名誉回復施策を顧問弁護士等と検討しております。（二〇〇六年二月二十三日）

雑誌に掲載された批判記事に対しての抗議であるが、その批判記事のメインが「ネコ虐待」であった、というのも興味深い。おそらくネコとともに霊を見たり、自らもトトロやドラえもんといった異界のネコ的なキャラクターとして人々を癒したりする江原氏としては、自分が「ネコ虐待」をしているという批判だけは何としても許しがたかったのではないだろうか。

それはまた、ペットのネコも自分自身も人々にとっての移行対象という役割を担っているのに虐待するわけはない、というメッセージにも見えるのである。

第5章　スピリチュアルちょい批判

〝むなしさ病〟の恐ろしさ

かつてオウム真理教事件が明るみに出たとき、世間は、一流大学を出て弁護士、技術者、医者、公務員などの職を得た若者たちが、誇大妄想的にして反社会的な教義を唱える〝尊師〟の言うなりになっていたことに驚いた。

そして、「他人とは違う自分でありたい」「自分にしかできない何かをして世の中の役に立ちたい」と純粋な理想を抱いて大学に入り、社会に出た若者たちが、結局、自分は歯車のひとつにすぎないことや、要領のいい人間、コネのある人間だけが得をすることなどを思い知らされ、むなしさややりきれなさに苦しんだ末にこの教団に入って行ったことを知った。

〝尊師〟は、そんな彼らを「キミが来るのをずっと前から待っていた」とばかりにやさしく迎え入れ、その人だけのためにホーリーネームを与えて、その人だけにしかできない役割を与える。すると生きることのむなしさ、無意味さに絶望していた若者は、それだけで一転して自分の〝かけがえのなさ〟が実感でき、「この人のために生きよう」と決意するのである。

生物学者の池田清彦氏も、オウム真理教を含むオカルトブームの陰にあるのは、「『かけがえのない私』という物語幻想」だと指摘している。池田氏の『科学とオカルト――際限なき「コントロール願望」のゆくえ』（ＰＨＰ研究所、一九九九年）には、こうある。

オカルトで「かけがえのない私」を実現する方法は、大きく分けて二つある。一つは普通の人は持っていない「超能力」を獲得して特別な人になること。もう一つは、普通の人にはできない特殊な経験をして特別な人になること。日本でオカルトを信じる人の多くは前者のタイプのようである。その典型はオウム真理教の信者であろう。

池田氏の考える〝かけがえのなさ〟実現法は、ふたつとも「人にはない能力や経験」を必要とする。それを手に入れるためには、たとえばオウムの場合なら出家や修行など、過酷で能動的なトレーニングが必要だ。

しかし、これまで指摘してきたように、信者の中にはもう少し受動的なタイプ、つまり指導者に名前を与えられ、「キミを待っていた」と言われるだけで、〝かけがえのなさ〟を獲得した気になってしまう人も少なくなかったのではないだろうか。

いずれにしても、このオウム真理教の事件は、「自分は何のために生まれたのだろう？」「私なんて世界にとっては〝その他大勢〟にすぎないのではないか」という問いにとりつかれた人たちの苦しみの深さ、救いを求める気持ちの強さをまざまざと見せつけることになった。

いくら「○○大学卒」という肩書きやそれなりの収入があっても、それは自分が生まれた意味や自分のかけがえのなさを与えてくれるものではない。そして、「私はこのために生まれた」という手ごたえがなければ、いくら豊かな生活を送っていても人生は無意味なものに思える。その答えを授けてもらえそう、となればどんなに優秀な人でもオウムのような〝狂った教団〟にもやすやすと入ってしまう。あの事件を通して私たちは、〝むなしさ病〟の根の深さ、恐ろしさを学習したはずだったのだ。

私たちの選ぶべき道は、ふたつ。ひとつは、「私は何のために生まれたの？」と問う〝むなしさ病〟そのものが発病しないように手を打つこと、そしてもうひとつは、オウム真理教に代わる社会的に害のない受け皿を作ることだ。

オウムとどこが違うのか

ところがその後、私たちはオウム事件で学習したことをきれいさっぱり、忘れてしまった。当然、〝むなしさ病〟に対して策を講じるようなこともなかった。それは、九二年のバブル崩壊後の不況が思いのほか長く続いたり、これまでになかったような〝ふつうの少年〟の犯罪が続いたり、ＢＳＥなど食の安全性を揺るがす問題が起こったりして、〝むなしさ病〟について考える余裕がなくなってしまったからだと思う。

「一流大学を出て一流企業に入ったけれどなんだか自分らしくない」といったつぶやきは、九〇年代後半から二〇〇〇年代初頭にかけての日本人にとっては、ぜいたくなわがままにしか見えなくなってしまったのだ。

またそれと同時に、日本も世界を席捲する市場原理主義経済の波に呑み込まれ、オウム時代の「お金がいくらあっても幸せにはなれない」という価値観も、リアリティのないものになった。いつのまにか、「お金がきらいな人はいない」「稼ぐが勝ち」という拝金主義的な考えがすべての人の本音だということになり、「お金よりも自分らしさ」といった言い方は、いわゆる〝負け犬の遠吠え〟と見なされるような雰囲気になった。

しかし、重要なことは、このように日本社会が変わったからといって、オウムのときに明るみに出た〝むなしさ病〟は決して消えたわけでも治癒したわけでもなかった、ということだ。

本来講じられるべき対策も行われず、問題は放置されたままだった。〝尊師〟こと松本智津夫をはじめとする信者たちの裁判でも、人々の関心は彼らの凶悪さや量刑の重さに集中し、その背後に広くあった〝むなしさ病〟は忘れられた。

放置されたからといって、問題が解決したわけではない。「私って何のために生まれたの？」「私って〝その他大勢〟でしかないの？」という問いは、形を変えながら人々の中に根強く残った。

とくに、出世や起業に〝自分らしさ〟を見出せる機会がまだ少ない女性たちは、オウム真理教のエリート信者たちとはまた別の意味から、「私って何なのだろう？」「私は何のために生まれたのだろう？」という問いに直面し、そのたびに傷つき、空虚な気持ちにならざるをえなかった。

そこに登場した救世主こそ、スピリチュアルであったのだ。「すべてのできごとは偶然ではなくて必然」「あなたが生まれたのには意味がある」というそのメッセージは、実はオウム真理教の信者たちが尊師に言われたことと、何ら変わりはない。

それなのに、「オウムの事件は許しがたい。あんなおかしな教団に入る人の気が知れない」と顔をしかめているその当人が、スピリチュアル本で「あなたの役割は前世から決まっていた」などと書かれているのを読んで、「癒された」などと言っているのである。

おそらくこういう人に、「精神世界に強くひかれるという意味では、あなたもオウム信者も同じですね」と言ったら、「冗談じゃない」と激怒するだろう。「ではどこが違うのですか」と尋ねれば、「向こうはテロリスト集団だし、私はそんなことはしない」という答えが返ってくるのだろうか。しかし、オウム真理教の信者たちも自分は凶悪なテロリストだとは思っておらず、あくまで〝尊師〟のもとで〝自分らしさ〟を実現するために、さらには世界を救済するためにサリンを撒《ま》いたのだ。

二者択一思考は世界の流れ

では、なぜオウムの教義や修行システムには顔をしかめ、破防法を適用して教団を解散させないのは手ぬるい、と怒る人たちが、一方では「オーラ」「生まれ変わり」といったスピリチュアルな教えには「感動した」「心が癒された」などと平気で口にすることができるのだろう。

それは、彼らの中には、自分がいま夢中になっているスピリチュアルが、オウム真理教のような危険なカルトや怪しげな新興宗教と実は地続きなのだ、という連続性の感覚がきわめて乏しいからだ。いくらそこで言われていることに類似点があったとしても、「オウムはオウム、スピリチュアルはスピリチュアル」と完全に分離されているのだろう。

スピリチュアル好きを公言している女性に、そのことを尋ねてみたら、逆に質問されたことがあった。

「どうしてそんなことを言うんですか？　私が信じている女性の霊能者はいい人なんですよ。オウムの麻原は悪い人、犯罪者でしょう？　全然、関係ないじゃないですか」

彼女にとっては、「同じ霊能者」ということよりも、「善人と悪人」という二分法的な違いのほうが決定的なのだろう。そして、善人か悪人か、というのは実は絶対的ではなくて相対的な分類でしかないことには、彼女は頓着しない。

同時多発テロのあと、ブッシュ大統領が世界の国々に「我々の側につくか、さもなくばテロリストの味方か」と鮮やかな二分法で態度を示すように呼びかけ、世界の国が大慌てでアメリカを支持することを表明したことがあった。また、小泉首相は二〇〇五年秋の総選挙のときに「郵政改革、イエスかノーか」とこれまたわかりやすい選択肢を提示し、多くの国民は「イエス」を選択した。

こういった例を見るまでもなく、自分で複雑な思考をするよりも、「白か、黒か」と二者択一の選択肢を与えられて、そのどちらかを選びたい、という傾向は世界的なのかもしれない。

〝イヤなこと〟を切り離す知恵

「オウムはオウム、スピリチュアルはスピリチュアル」とそのあいだの関連性を感じることなく、それぞれに対して別の感情を抱くことができる、というのは、精神病理学的に、解離性障害と呼ばれる現象にも通じるものがある。

解離性障害とは、かつて多重人格と呼ばれた解離性同一性障害に代表されるように、本来はひとつにまとまっているはずの心が、いくつにも小分けされてそれぞれが独立して機能しているような状態である。臨床的には、強い葛藤に直面して精神が崩壊する危機にさらされ、それを認めることが困難な場合に、その体験に関する意識の統合が失われ、知覚や記憶、自分が誰であり、どこにいるのかという認識などが、意識から切り離されることによって生じる場合が多い。

たいへん深刻な状態と言えるが、幸いにも「精神が崩壊するほどの強い葛藤」はそうしばしば起きるものではなく、したがってこの解離性障害は心の病の中でもかなり起きにくいもののひとつ、と言われてきた。

ところが、多くの精神科医が指摘するように、九〇年代以降、この解離性障害を呈するケースが増えてきた。しかも、その原因となるような激しい葛藤や、それを引き起こす外傷体験と呼ばれるひどいできごとが見当たらない場合で、簡単に解離性障害を起こすケースも目立っている。

たとえば、この解離性障害のひとつに解離性健忘がある。これはいわゆる〝もの忘れ〟がより広範で深刻になったもので、「外傷的なできごとの強い衝撃のために、それに関する記憶の想起が不可能になった状態」と考えられている。

しかし最近は、「先週、何をしていたかまったく思い出せないのです」「昨日、たしかに恋人と会っていたはずなのですが、その記憶がまるで夢のようにおぼろげです」と臨床症状はたしかに解離性健忘と診断されるものの、どう尋ねても外傷的なできごとは「バイトでちょっと叱られた」「彼が結婚話を避けた」程度のものしか出てこない、というケースが増えている。中には、「メールの送信ずみトレイを見るたびに、送った覚えのないメールがあって自分でもびっくりする」という人もいる。

おそらくこの人たちは、外傷体験とも言えないほどの〝ちょっとしたイヤなこと〟で簡単に心の統合が崩れ、そのイヤなできごとの前後の記憶を意識から切り離してしまうのだろう。

その様子を見ていると、この人たちは〝イヤなできごと〟に直面し、落ち込んだり腹を立てたり反省したりする手間よりも、それを心から切り離して、考えないようにしてしまうほうがずっと簡単でラクなのでそうしているのではないか、と思えるほどだ。すぐに起きる「解離」は、いまの世の中をあまり考え込まずにすいすいと泳いでいくための、ひとつの〝生活の知恵〟なのである。

脆弱になった自我

このように、従来は病理現象であった「解離」をひとつの生きる手段として身につけている現代の人々にとっては、「オウムはオウム、スピリチュアルはスピリチュアル」「オウムや新興宗教をやっているのは悪い人、スピリチュアルは善い人」「オウムや宗教にハマる人と、スピリチュアルにハマる私には何の関係もない」とその連続性には目をやらずに両者を切り離して考えることなど、お手のものなのであろう。

『呪いの研究――拡張する意識と霊性』（トランスビュー、二〇〇三年）という著作がある心理学者の中村雅彦氏も、安易に他者への「呪い」に向かうこともある昨今のスピリチュアル状況に関して、新聞の取材にこたえてこう言う。

自分の負の部分が認められず、それを外部に投影しているようだ。自己と向き合う姿勢がない。オウム事件の頃よりも、アイデンティティーが拡散し、自我が脆弱になりつつあるのでないか。

（『朝日新聞』二〇〇五年三月十五日付夕刊）

考えようによっては、意識が統合を失い、自我が脆弱《ぜいじゃく》になっているからこそ、オウム信者のように出家して厳しい修行に耐える人もいなくなり、スピリチュアルがより軽いもの、安全なものになりつつある、とも言えるのかもしれないが。

とは言え、オウム事件の頃は、神秘体験や霊界などに強く興味を持つ人は社会全体から考えればごく一部であったはずだ。ところが、前の章でも触れたようにいまや「あの世からのメッセージ」や「前世」を語るテレビ番組が地上波で放映され、高い視聴率をあげているのである。オウムの頃に比べれば本気度、危険度は下がっているかもしれないが、世間への浸透度は桁外れに上がっていると考えられる。

しかも、林真理子氏、よしもとばなな氏など、社会的な影響力が強い人たちも、スピリチュアルへの傾倒をためらうことなくオープンにしている。彼女たちの発言を読んでいると、社会がスピリチュアルに対して拒絶反応を示していた時代のほうが間違いで、多くの人が目に見えないものも信じるようになったいまのほうが正しいのだ、とさえ思えてくる。

真偽にこだわる人は心が狭い？

目に見えるもの、科学で証明されたものしか信じないのは、心が狭い証拠だ。逆に、目に見えないもの、まだ科学で解き明かされていないものも信じる態度こそ、心を豊かにする。

この考えは、多くのスピリチュアルを説く人、信じる人たちがしばしば口にするものだ。飯田史彦氏は『［新版］生きがいの創造』のなかで、『死を超えて生きるもの――霊魂の永遠性について』（春秋社、一九九三年）にある、哲学者ゲイリー・ドーアの、次のようなことばを引用する。

真実であることを立証する十分な証拠がないかぎり、決して何も信じるべきではないという理性原則は、現代の科学者や哲学者のあいだで、極端なまでに広まっている。（中略）

しかし、理性原則は、いかなる種類の信念に対しても有効なのだろうか。何かを信じる場合、人はつねに、十分な証拠がそろうのを待たなければならないのだろうか。どうも、そうではないようだ。

飯田氏は、スピリチュアルに懐疑的な学者のことばも紹介しつつ、この哲学者のようなスピリチュアル派も懐疑派も、「ひとつの点において、見解が一致している」と述べる。飯田氏のことばを引用しよう。

それは、「死後の生命」や「生まれ変わり」の知識が、その真偽の議論とは別に、それを信じる人々に対して、望ましい心理的影響を与えるということです。その影響が、その人の「人生観」や「生きがい感」に与える影響であることは、言うまでもありません。

大切なのは真偽ではなくて、それが「望ましい心理的影響」を与えるかどうか、なのだ。これをさらに発展させて考えれば、それがたとえ科学的には偽であっても、人の心を豊かにし、望ましい影響を与えるならば、ある程度は大目に見てもよいではないか、という主張にもつながらないだろうか。

それは極論としても、科学への懐疑から「スピリチュアルの意義」を論じようとする人は少なくない。

先に紹介した中村雅彦氏の『呪いの研究』の中には、「科学と宗教の結婚」という章がある。その中で、中村氏は行きすぎた科学主義的態度を批判するケン・ウィルバーという現代思想家のことばなどを引きながらこういう。

科学的唯物論は、「私」の言語や「われわれ」の言語ではなく、客観的なプロセス、単に科学的な言葉で記述されるすべてのものから構成される宇宙（universe）に関するものであり、それには意識、内的なもの、価値、意味、深み、そして神聖なるものが欠如している。ウィルバーに言わせれば、科学的な現実こそが唯一絶対の真実であるとする教条主義、独断的な態度が現代の病理に通じるというのである。

中村氏は、だからこそ科学的な研究においても、いまだ実証されていない〝目に見えない世界〟の経験、知識を積極的に導入することが必要だ、と主張するのである。

領域侵犯をすることなく、異なる眼でとらえた知識を統合していくためには、科学的な手続きによってとらえられた感覚的な経験だけでなく、霊的、神秘的、宗教的な経験も、科学的な知識と等しい価値を持つ「経験データ」として受容していく態度が問われる。また、物事を認識しようとするときに、肉の眼、理性の眼、黙想の眼といった多次元的な視点で見ていくことが必要となる。

「脳トレ」ブームとの共通点

このように、「科学的に証明されていないからといって、すべて偽とはいえない」から「たとえ科学的には偽でも、人々の心を豊かにするならいいではないか」まで、さまざまなレベルで「目に見えない世界」の意義や正当性を主張しようとする意見、主張がある。

そして「目に見えないから、いまの時点では実証できないから、といって間違いとはいえない」というこの主張は、いまスピリチュアルな世界を超えて、科学の世界に逆流入しつつあるのだ。

最近、ゲームや書籍の世界で爆発的にブームになっている「脳トレーニング」。火付け役は、東北大学の川島隆太教授だ。簡単な読み書きや計算のトレーニングで、衰え始めた脳を再び活性化させることができる、といううたい文句のゲームやドリルはどれも大ヒットし、高齢者施設や病院でもリハビリプログラムとして取り入れているところが多い。

川島氏は、この「脳トレーニング」はただのエンターテインメントではなく、科学的にも効果が実証されていると主張する。しかし、「音読や算数計算で高齢者の前頭葉の機能が改善した」とする川島氏の学術論文に対しては、専門家からの「データの検証が不十分」といった批判が寄せられている。

いくつかの新聞も、「スタッフとの交流ではなくて、音読や計算そのものが効果的だったということは証明されていない」「改善を示しているのは一部のテストだけ」といった批判を紹介しながら、この脳ブームに警鐘を鳴らす記事を掲載した。

しかし、川島氏はこういった批判に対して、「学習療法としての実績は十分にある。学問的な検証は専門家に任せる」とまったく動じる様子はない。おそらく、すでにこれだけの大ブームになっていること、また「このトレーニングで救われた」といった声も少なくないことなどが、学術的な正当性を超えた自信を川島氏に与えているのだろう。

そして、万が一、川島氏が「論文の結果に問題があったので、ゲームやドリルを回収します」と言ったとすれば、多くの利用者は「科学的な真偽などどうでもいいから、これを自分から奪わないでほしい」と訴えると思われる。

もちろん、川島氏が大学教授ではなくてフリーターであったら、少しでもその正当性に疑問が出た時点で、人は「脳に効くと聞いたから買ったのにだまされた」と怒ったかもしれないが、川島氏は正真正銘の科学者である。科学者であるということだけで、すでにその科学的根拠は証明されたと同じなのだ。

まったくのインチキであったり、からだに悪いものであったりすれば、さすがに受け入れられない。しかし、脳科学者が作ったものなのだから、完全なウソではないのだろう。だとすれば、あと大切なのは、それをやることで前向きな気持ちになったり、生活や心がより豊かになったような気になったりするかどうか、ということ……。

このような科学的正当性、科学的根拠に対するハードルの低下が、社会の中で起きている。つまり、完全なウソ、間違いと科学的に証明されないかぎり、少なくとも科学者や科学に関わった経験がある人が言ったことであれば、それは「ウソとは限らない」、さらには「正しいと考えてもよい」ということだ。

これは、「目に見えないから、いまの科学では実証できないから、といって、存在しないとは限らない」というスピリチュアルを正当化する考えとも通じるものであろう。

ハッピーになれるならだまされても

またこのロジックは、医学の世界をも侵食しようとしている。最近、「ドクターが作ったコスメ」「医学博士が効果を保証した健康食品」が、クリニックのロビーなどで堂々と売られていることがある。

しかし、本来であればこういった化粧品や食品の効果を医学的に保証するためには、「そうとは知らされないまま、その成分が含まれていない製品を使った被験者」との間で効果に有意な差があるか、がきちんと証明されていなければならない。これは二重盲検試験と言われ、医薬品ではとくに厳しくこの試験が課せられる。

たとえば、「飲むだけでお肌にハリが出るコラーゲン錠」があったとしよう。五〇人がこれを飲んで三五人の肌に変化が現れたとしても、すぐに「これは効く」と言うことはできない。

「本当に効く」と言うためには、「コラーゲン錠ですよ」と言って五〇人には本物の錠剤を、別の五〇人には小麦粉で作った錠剤を与え、本物を飲んだ五〇人にニセモノを飲んだ五〇人とは明らかに違う効果が現れることを証明しなければならないのだ。それをしなければ、その効果が「お肌にいいですよ」と言われたことによる心理的暗示効果なのか、本当の薬効なのか、区別できないからである。

もう説明するまでもないだろう。いま「何らかの効果があるならば、それが心理的効果でも本物の薬効でも、どちらでもいいじゃないか」と考える動きが、利用者のみならず、その商品やサービスの提供者にも起きているのだ。

知人の皮膚科医は、魚から抽出したという微量のコラーゲンを「ドクターが開発した美肌の薬」として商品化しようとしていた。親しい間柄だったので率直に「そんな微量のコラーゲンに何かの効果があるか二重盲検試験も行われていないし、だいたい胃腸から吸収されるコラーゲンが皮膚に利用されることは医学的に考えてありえない」と言うと、その医師は笑いながら言った。

「でも、口から飲むコラーゲンがまったく皮膚に行かない、という証拠もないのだし、微量であっても飲まないよりは飲んだほうがいいんじゃないの？」

そして私が返すことばも失っていると、医師は「医者が作った商品を使った、というだけで満足して実際に肌にハリが出る人もいるだろうし、からだに毒というわけじゃないんだから、別に深刻に考えなくてもいいんじゃないかな。ちょっとでも効果が出ればそれでハッピー、誰も被害を受けるわけじゃないんだから」

従来であれば、大学の脳科学者や免許を持った医師がこの手の商品を開発するときは、それなりの厳しい基準があったはずだ。ところがいまや、先ほどの「脳トレーニング」に代表されるように、たとえ同じ学界からその科学的正当性について批判が出ようとも、医事法などに触れないかぎりはそれ以上の問題になることもない。

「人々を喜ばせよう」かつ「商売をしよう」という人に対して、世間は驚くほど寛大だ。いや、寛大というよりむしろ「それでハッピーになれるならだまされてもかまわない、だましてもらいたい」と積極的に望んでいるようにさえ見える。

血液型占いが「当たる」理由

日常心理学の参考書などに必ず出てくる「バーナム効果」と呼ばれる現象がある。この名前じたいはアメリカの興行師バーナムにちなんで名づけられたもので、「誰にでも該当するようなあいまいで一般的な性格をあらわす記述を、自分だけにあてはまる正確なものだととらえてしまう」という現象を意味する。

より具体的には、アメリカの心理学者バートラム・フォアの実験が有名だ。ある大学で学生に性格診断テストをやらせたあと、学生たち全員にまったく同じレポートを配った。それは次のようなものだったのだが、学生に「どれだけ当たっているか」を五ポイント満点制で評価させたところ、平均四・三ポイントという高い的中率となった。

あなたは他人から好かれたい、賞賛してほしいと思っており、それにもかかわらず自己を批判する傾向にあります。また、あなたは弱みを持っているときでも、それを普段は克服することができます。あなたは使われず生かしきれていない才能をかなり持っています。外見的には規律正しく自制的ですが、内心ではくよくよしたり不安になる傾向があります。正しい判断や正しい行動をしたのかどうか真剣な疑問を持つときがあります。あなたはいくらかの変化や多様性を好み、制約や限界に直面したときには不満を抱きます。そのうえ、あなたは独自の考えを持っていることを誇りに思い、十分な根拠もない他人の意見を聞き入れることはありません。しかし、あなたは他人に自分のことをさらけ出しすぎるのは賢明でないと気付いていますす。あなたは外向的・社交的で愛想がよいときもありますが、その一方で内向的で用心深く遠慮がちなときもあります。あなたの願望にはやや非現実的な傾向のあるものもあります。

つまり、たとえ心理テストがいいかげんなものであったとしても、それが「こう思われたい、こうでありたい自分」にあてはまるものであれば、被験者は「当たっている」と納得するということだ。

占いや血液型性格診断などが、科学的根拠が立証されていないにもかかわらず「当たっている」と評価されるのは、このバーナム効果に依拠するところが大きいと言われる。

科学も哲学ももはや無力？

バーナム効果をどう解釈するかは人それぞれだが、とらえ方によっては、「いくら誠実に正確に分析したり結果を出したりしても、それが相手に受け入れられ、喜ばれるとは限らない。それよりも、バートラム・フォアの診断結果のように、より多くの人に『当たっている』と思わせるような回答を与えたほうがより有益なのだ」という考えにも通じる。

つまり、正確さを追求するよりも、よりバーナム効果が上がる答えを探すほうが自分の評判も上がるし、相手も喜ぶ、ということだ。

多くの占い師はすでにこの方法を自然に使っていると、『なぜ、占い師は信用されるのか？』（フォレスト出版、二〇〇五年）で石井裕之氏は言う。人気占い師になるためには、正しいことをではなくて、相手が言ってほしいと思っていることを言うほうが早道だ、ということだ。

いや、占い師のみならず、おそらく科学者も医者も、そしてスピリチュアル系のカウンセラーやヒーラーたちも同じなのではないだろうか。

相手が喜び、自分の評判も上がる。喜ぶだけではなくて、前向きな気持ちになることで、本当の健康や幸運をつかむ人もいるだろう。また、お金が動き経済は活性化する。誰も損せず、被害を受けるわけではないのだから、単純なインチキやだましとも違う。だとすれば、たとえ科学的な正当性が立証されていなくても、そこに若干の作為や改竄《かいざん》があっても、誰がそれを非難することができるだろう。

この価値観の広まりこそが、スピリチュアル・ブームを支える最大の要因になっているのではないだろうか。

たしかに、「いまの人生はあまりにつらいので、せめて前世では武将だったと思わせてくれ」「死後の世界で愛する人たちに再会できると信じさせてほしい」と願う人たちに、「それは科学的に証明されていないから、本当とは言えません」「あの霊能者は、本当に前世やオーラを見ているのではなくて、適当なことをしゃべっているだけかもしれませんよ」などと告げることが、何の救いにもならないことは言うまでもない。

しかしそうだとすると、いまや「科学的真実」の意味などどこにもない、ということになるのだろうか。みんなが前向きな気持ちになり、癒しや慰めを得られるのだとしたら、多少のウソやごまかしがあってもかまわない、ということなのだろうか。

いまのところ、「死後の世界は存在する」「生まれ変わりはある」「宇宙の波動を使えばあなたも幸せになれる」といったスピリチュアルなメッセージにかわる強烈なシンプルな救いを、既成の科学や哲学の中に求めるのは、かなりむずかしそうである。「だからスピリチュアルしかないのだ」と言い切ってよいのか。「いや、もうちょっとだけ待ってほしい」と言いたいところだが、「それしかない」と結論を出そうとする人は確実に増えている。

スピリチュアルと科学の境界線

科学・医学的根拠を強く打ち出している健康法や教育法などと、現在の科学や医学を批判しているように見えるスピリチュアルや民間医療。その両者は正反対に見えて、実はゆるやかにつながっている。

「カウンセリング」ということばなどはちょうどそのあいだに位置し、状況によって科学寄りに解釈されたりスピリチュアル寄りにとらえられたりしているのではないだろうか。

たとえば、催眠療法は緊張を緩和する目的などで大学病院の精神科で行われることもあるが、この催眠療法をヒーリングルームなどで使うカウンセラーの中には、退行催眠をかけて前世にまで遡らせようとするスピリチュアル寄りの人もいる。つまり「催眠を用いるカウンセラー」と名乗る人は科学主義の医師である場合も心霊主義者である場合もあり、肩書きだけでは両者の区別はできないのだ。

ジャーナリストのメアリー・ローチは、交霊術や臨死体験といった超常的な現象についてなるべく科学的な見地から研究している学者を訪ね歩き、『霊魂だけが知っている』(日本放送出版協会、二〇〇六年)というユニークなドキュメンタリーにまとめた。最初の頃、ローチは、輪廻転生の研究に取り組む学者・ラワト博士に接しても懐疑的だ。

ラワト博士は客観的になれるのだろうか。彼は生まれ変わりの研究に、とりつかれたようにのめり込んでいる。初対面のときに言った。「私が事例を集めるのは、酒飲みが酒を求めるのと同じです」。彼は本当に調査しているのだろうか。ただ都合のいい証拠だけを集めているということではないだろうか。彼は公平でいられるのだろうか。

「信じる」のに証拠は要らない

しかし、すべての調査が終わったあとのまとめで、彼女は、自分が信頼できると判断した臨死体験研究者に質問したときのことを引いて、こう言うのだ。

私は彼に、臨死体験が死後の生命の証拠を提供してくれると思うか、尋ねたことがある。彼は答えた。臨死体験が現在の科学では説明できない何かの証拠だということだけは信じると。たぶんそれは、私たち人間がこの世で出会うすべてのことが、科学という立派な家具にもっともらしくしまい込まれるわけではないということだろう。確かに、人が運命や、幽霊や、ＥＳＰ（超感覚的知覚）や、木星のせいにしたくなることも、大部分は説明できるが、すべてが説明できるわけではない。私は既存の何か（生まれ変わり、霊媒を通じての死者との交信）を信じるのではなく、もっと違う何かがある可能性を信じる。

「科学的であろう」とするローチは、さすがにすでにビジネスやシステムとして成り立っているスピリチュアルは信じたくはないけれど、「科学では説明できない何か」があることは信じるようになった、と言っているのである。

一応は科学主義者であるローチは、それは「いまの時点の科学では説明できない」だけで、いずれ科学が進歩すればそれは超新星やDNAの存在と同じように、実証的に証明できるかもしれない、と思っているようだ。

しかし、ローチはそのあとで次のようなことまで言うのだ。

もしかすると、私は「知っている」と「信じる」を混同しているのかもしれない。私が何かを「信じる」と言うとき、それは「知っている」という意味だ。でも、「信じる」とは、もっと微妙なものかもしれない。知識というより、「気持ち」かもしれない。知らないで信じることはできるだろうか？　地球が丸いことや空が青いことと同じように、神がいることはわかると言う人は多い。たぶん、同じぐらい多くの人が、公言はしないまでも、神を信じているかもしれない。そういう人は、知らないでも信じる。（中略）証拠は必要ない。必要なのは「気持ち」だけだ。

ここで、「信じる」とはもはや、それが科学的に説明できるとか、できないとかには関係ない、半ば「気持ち」の問題になっている。

大切なのは「楽しいかどうか」

では、科学ジャーナリストであるローチまでが、「『信じる』のに証拠は必要ない」というその理由はどこにあるのか。ローチは、いつもは十分すぎるほど慎重で懐疑的で、しかもウィットを忘れないのに、この点に関してだけは、驚くほどの単純さでこう言いきる。

「だって信じたほうが楽しいし、希望が持てるから」

そう、「楽しいかどうか」「希望を持てるかどうか」ということこそが、「科学的実証性があるかどうか」ということより重要な要素なのである。

これは、ここまで見てきた「ドクターの作る化粧品」から「自然の力で病気を癒すハンドパワー」「宇宙の波動と一体化する催眠療法」まで、そのまま通じることだ。

科学的かどうか、ホンモノかどうか、を人は実はあまり気にしていない。明らかなインチキにだまされるのは避けたいと思っているが、「医学博士監修」などと書いてあってその気にさえさせてくれれば、それが全世界の科学者がイエスといったものでなくてもかまわない。

それよりも大切なのは、それが自分を楽しい気持ち、ラクな気持ち、救われたと思う気持ちにしてくれるかどうか、ということなのだ。

いくら科学的に効果があることが明らかな医薬品であっても、陰険そうな医者がボソボソ声で「効果が出る確率は六二%ですが、副作用として少し吐き気が生ずるおそれがあって」などとくどくど説明し、飲んでみたらたしかになんとなくムカムカする感じがしたとしたら、気分はいっぺんに暗くなってしまう。

そういう薬を飲むより、雰囲気のいいサロンのような部屋で、笑顔のさわやかなヒーラーが「よくいらっしゃいました！　もう大丈夫です」とわたしてくれる〝自然の植物から抽出されたサプリメント〟を飲むほうが、ずっと明るい気分になれるし、希望を持つことができるだろう。

この場合、明るい気分になり希望を持つ必要があるのはもちろん、「私」だ。その他の人もこの方法でそうなれるかどうか、あるいはそうなったほうがいいかどうかは、関心の範囲外なのである。

小泉首相を支持した心理

本当かどうかは別にして、とにかくむずかしいことは抜きで、明るい気持ちにしてもらえる。希望が与えられた気分になれる。小泉前首相のことばは、まさに人々をこうした「気分」にすることができる不思議な力を持っていた。

「感動した！」「人生いろいろ、会社もいろいろ、社員もいろいろ」「改革を止めるな」「何日に参拝しても批判されるんだから、そうだとしたら八月十五日は適切な日」といった短いフレーズは、聞く者に力強さ、爽快感を与えるので、中身を深く吟味することを忘れ、「なるほど！」と納得してしまう。そして、「この人の言うことに間違いはない」と、希望が湧いてくるような気がしてくるのである。

小泉首相が首相官邸に一般の人を招いて定期的に行っていた懇談会、「らいおんミーティング」に参加した二十代の女性は、小泉内閣メールマガジンのインタビューにこたえてこう語る。

小泉総理とお話できるだけでなく、あの有名な官邸の階段で集合写真まで撮ることができてとても嬉しかった。記者やカメラマンの存在が、これが特別な機会であるということを改めて実感させてくれた。部屋には入っただけでドキドキワクワクした。小泉総理が登場したときは、とてもすごいオーラを感じた。（中略）時間がないのにとてもフレンドリーに一つ一つていねいに答えてくれる姿を見て、総理の人柄のよさがでていた。

また、別の六十代の女性の感想は次のとおりだ。

とてもとてもよかった。感動の連続でした。一つ一つの質問に丁寧に答えてくださる熱意と忍耐!! やさしさ!! さすがだと思いました。

いずれも、小泉首相の話の内容や政策にではなくて、その「オーラ」「丁寧な対応」「やさしさ」にワクワクし、感動した、と語っているのだ。ここでも大切なのは、小泉首相は瞬間的に人をそういう「気分」にできる人であり、だからこそ「すばらしい」と支持されている、ということだ。

小泉首相は、就任以来、発行していたメールマガジンの最終号で、「現在の私の心境を託した短歌」なるものを発表している。

「ありがとう　支えてくれて　ありがとう
激励　協力　只々感謝」

これを短歌と呼んでいいのかどうかは別にして、こういったわかりやすくシンプルなことばに感動を覚え希望を抱く人が大勢いることはたしかだ。そういう人たちの「もっと感動させてほしい！」という期待が、小泉政権を支え続けたと言えるのではないだろうか。

そしてその人たちは、首相にだけではなくて、わかりやすい科学を語る人やスピリチュアル系のカウンセラーにも、同じことを期待する。「だましてほしい」とまでは言わないが、とにかく明るい気持ちにしてもらいたい。希望や感動を与えてもらいたい。私だけそういう「気分」になれれば、他の人のことまでは知らない。そしてそうしてくれるなら、その内容や真偽のほどは問わないことにしよう……。

裏を返せば、それくらいいまを生きる人々は日常生活の希望や感動に飢えているということか。あるいは、誠実な政治や正統的な科学は、もはや人々を明るい気持ちにすることができない、ということなのだろうか。

第6章　あくなき内向き志向の果てに

なぜ既成宗教ではだめなのか

ここまで、人々がスピリチュアルに求めるものの本質は、「私」という存在に対する全面的肯定であり、「いまの自分の明るい気分」ではないか、という話をしてきた。

では、それは既存の宗教ではだめなのだろうか。

いま流行っているスピリチュアルの中には、宗教的要素を取り入れたものが少なくない。たとえば、江原啓之氏は神主の資格を持っており、お寺での修行体験もある。そのためか、江原氏のアドバイスの中には「神棚に手を合わせなさい」「新年には初詣に行きなさい」など、神道の要素を取り入れたものも少なくない。また、霊界の階層構造などは仏教の世界観にも通じるものがある。

さらに江原氏は自叙伝の中などで、マザー・テレサや映画『ブラザーサン・シスタームーン』に感動していまの道に進むと決めた、とキリスト教精神への接近を語っている。

では江原氏ファンが思索を深めれば、既存の仏教やキリスト教への道に目覚めるのか、というと決してそうではない。彼らはあくまで、江原氏の語る宗教的なアドバイスが聞きたいだけであり、より深く宗教的世界に足を踏み入れたいわけではないのだ。

実際のところスピリチュアルと既成宗教には共通点も多いのに、なぜ人は宗教のほうにはいかないのだろうか。

オウム真理教や統一教会のトラウマがあり、「宗教はこわい」という宗教アレルギーがあるからだ、という説もある。しかし前の章でも記したように、オウムはいまや宗教教団ではなく「凶悪な犯罪者集団」と理解されており、そのルーツがあるとされるチベット密教などとは切り離されて考えられているはずなのだ。

利他主義とは相容れない

なぜ宗教ではだめなのか。その最大の理由は、宗教は自分だけを救うものではないから、というところにあるのではないだろうか。

史上最悪のテロリストと称されるオサマ・ビンラディンですら、同時多発テロは自分の幸福や欲望のためにではなくて、世界中のイスラム信者のために行ったものであると語り、彼らに奮起を促している。

東から西までの〈ウンマ〉に属する一二億人のムスリムは、日々虐殺されている。パレスチナ、イラク、ソマリア、（中略）アッサムでもそうだ。人びとはこれに何の文句も言わないが、犠牲者が奮起して信仰のために身を捧げるやいなや、憤慨しはじめる。

（『オサマ・ビン・ラディン　発言』河出書房新社、二〇〇六年）

「自分を生かしたければ、他人を生かさなければ」とまでいうビンラディンの徹底した利他主義の背景にあるのは、言うまでもなくイラスム教の教えだ。もちろん、そうやって他人を生かすためには、別の他人をテロで殺戮《さつりく》することもやむなし、という彼らの独善的な価値観や行動までも含めて、その考えを肯定することは到底できない。

しかし、どうやらイスラム原理主義者と言われる彼らは、「私さえ変われれば」「私さえ幸運になれば」という内向き志向、個人主義の現代日本のスピリチュアル派とはまったく反対の存在、ということもできそうだ。

イスラム原理主義者と日本のスピリチュアル派を並べて論じるのは極端すぎるかもしれないが、考えてみれば両者には「来世を信じる」「超越者のメッセージに従う」など、共通点がないわけではない。

しかし、イスラム原理主義に限らず、宗教である以上、やはりどこかで「自分より他人」という利他主義的な教えを受け入れなければならない。あるいは、神の前ではすべての人は平等なので、ひとり自分だけが得をすることを戒め、手にした富を社会や弱者に再配分することを説く宗教も少なくない。

「私」や「自分」にあくまでこだわるスピリチュアル派が、指導者たちがすすめる呪術的、宗教的な習慣はすんなり受け入れるのに、既成の宗教にはなかなか足を踏み入れない理由は、このあたりにあるのではないか。

見知らぬ他人には無関心

前世を信じる人は、あくまで自分自身かせいぜい恋人の前世を知って現世での生活に役立てたいのであって、見知らぬ他人の前世に興味を持っているわけではない。「類魂」

「ソウルメイト」という名の他者には関心があるが、それも自分との深い関連においてのものであり、「ソウルメイトのソウルメイト」にまではなかなか考えが及ばない。

また、スピリチュアルの指導者たちの多くも、決して「これから先は仏教書で勉強してください」「神の国についてさらに知りたい人は聖書を読みましょう」と既成の宗教に導くようなことはしない。中には宗教セミナーに来てみませんか、と勧誘する人もいるが、それはだいたい自分や関係者が教祖となっている新宗教のようである。

指導者との関係性においても、宗教とスピリチュアルには差がある。

たとえばキリスト教では、ひとつの教会に集《つど》う信者たちは「神の枝」として互いに信頼関係を築き、日常の生活の中でも助け合うように、と教えられる。作家の三浦綾子氏が繰り返し書いていたように、同じ教会で出会った男女が結婚するケースも枚挙に暇《いとま》がない。根っこに信仰があるとはいえ、既成の宗教集団は、一種の生活互助会や若者サークルといった役割も果たしている。

ところが、「エハラー」と呼ばれるようなスピリチュアル指導者の熱狂的ファンの間には、横のつながりはなかなか育たない。ファンクラブ的な組織が作られることも少なく、トークイベントなどを行っても、来場者はあくまでひとりで、あるいはせいぜい友だちと連れ立って来るくらいで、そこで新しい友だちや仲間ができるといったことはなさそうである。

大事なのは「トップと私」

しかし、だからといって人間関係への興味が希薄なのかといえばそれは逆で、その指導者と自分との間には運命的な結びつきを感じていたりもする。また、多くのスピリチュアル本のまえがきには、「こうしてあなたがこの著作を通じて私と出会ったこと、それじたいが奇跡だと思いませんか？」と読者個人に強烈に呼びかけるメッセージが記されている。

たとえ五万人が集まるイベントに来ていたとしても、参加者それぞれは「指導者と私」の一対一対応を感じているだけなので、そこに自分以外の人が何人いたとしてもほとんど関係ないのであろう。

横のつながりに無関心で、いちばんトップの人といきなり結びつこうとする、というこの傾向は、何もスピリチュアルな世界に限ったことではない。

会社の人事担当者からは「最近の若い社員は、自分の処遇に不満があると直属の上司にではなくていきなり経営者にメールしてしまう」という話を、小学校のベテラン教諭からは「近頃の保護者は、自分の子どものことで何かあると、担任や学年主任ではなくてすぐに教育委員会に訴える」という話を聞かされたことがある。

実は私自身、大学で研究室にかかってくる外線電話に出ると、学生からの「来週は休講なんですか?」といった単純な問い合わせだった、という経験をここ数年、よくするようになった。

「休講じゃありませんよ」などと答えながら一応、「ふつうは、同級生にきくか、せめて学務課に問い合わせするかするんじゃない?」と付け加えたら、ある学生はこう答えた。

「だって、誰にきいていいかよくわからないから、直接きいたほうが早いと思って。実際問題、こうしてすぐにわかったわけだし。何か問題ありますか?」

返すことばも失ってしまうが、彼らもまた、三〇〇人が受講する授業を受けていても、見えているのは「教授と自分」との間の関係性だけなのだろう。

宗教とスピリチュアルは水と油

こうして見ると、はっきりしてくることがある。「来世」とか「魂」といった共通概念は出てくるものの、宗教とスピリチュアルには水と油ほどの違いがあるのだ。それどころか、「あくまで私」にこだわるスピリチュアルは、宗教的な装いは取っているものの、実は宗教からはもっとも遠いものとさえ言えるのではないだろうか。

新聞記者の内藤麻里子氏も、〝精神世界ブーム〟の取材記「キーワードは『軽く、早く、マジカルに』」(『中央公論』二〇〇五年二月号)の中で、現在のブームが、仕掛け人たちが期待していたような「社会の霊性、精神性の高まり」には必ずしも結びついていない、という現状を指摘する。

取材記のタイトルにもある通り、「軽く、早く、マジカルに」効果が現れることを期待して、よりカジュアルな手法に人気が集まる。体験的グループセラピーを長く行ってきたアカデミーのセラピストのこんなことばが紹介されている。

当アカデミーでは催眠療法もしていますが、「暗示をかけて治してください」と言う人さえいる。問題に向き合うことなく、表面的な癒しを安易に求める傾向が強くなってきた。

しかし、内藤氏は現在、精神世界やスピリチュアル・ブームは「一部の人のものという第一段階の枠を超え、次の段階である拡散のカオス状態に入っている」と考え、〝この先〟がまだあることを示唆する。

カオスを抜けたとき社会の精神性は高まっているのか、はたまた精神世界の療法すら単なる消費財になってしまうのか。

そして、内藤氏自身は「精神世界と宗教は、お互い影響し合いながらも、それぞれのジャンルで浸透していくのではないか」と、現状を悲観視はしていないようだ。

しかし、いくら「霊性」という共通点があるとしても、ここまで見てきたように、「人々の幸せ」か「自分の幸せ」か、という点において宗教とスピリチュアルには決定的な違いがある。はたして本当にこの先、「社会の精神性が高まる」などという着地点が見えてくることなどあるのだろうか。

江原氏が語る靖国問題

ただ、スピリチュアルの中にも、「私さえよければ」といった個人主義、現世主義的な価値観からの脱却を訴える動きが出てきている。たとえば、これまでも繰り返し取り上げてきた江原啓之氏は最近、「戦争と平和」「靖国問題」など、社会的、政治的と分類される問題への発言が目立って増えている。

とくに靖国問題に関しては、『新潮45』の連載の中で、「分祀」と「首相参拝に反対」の立場をはっきり表明し、一部で話題となった。また、林真理子氏や佐藤愛子氏などとの対談の中でも、「いまいちばん気になるのは戦争」と語っている。林氏との対談から引用しよう。

これからどんどんそういう方向（著者注・戦争に向かう動き）に導き入れられてしまうのがすごく心配。戦争を商売にしている人たちがいるわけだから、それに日本が振り回されないでほしいなと思いますね。

（『週刊朝日』前出）

ここだけを見ると、スピリチュアルな人のメッセージというよりは、平和主義者の常識的な発言にもとれるが、これは江原氏自身の主義主張というよりは、スピリチュアルな視点で世の中を見たときのひとつの答えということらしい。江原氏は霊視によってこうも〝預言〟する。

究極の決断をすべきときが、これから数年のあいだに出てくるでしょうね。戦乱にまで発展してしまうほど人が愚かだとは思ってないけど、にっちもさっちもいかなくなって、どうするこの決断、という状況になる可能性が高い。

では、スピリチュアルを用いた江原氏のキャリアは個人相談から始まったはずなのに、なぜここにきてこうして社会の問題を語るようになったのだろう。この点に関して、江原氏は林氏を前に意外なことを言っている。

ここまで認知されたから、もうちょっとご飯に近づいていっても大丈夫じゃないかと思って……。たとえば「靖国問題」とかもスピリチュアル的に解説したりもしているんです。そういった本質のほうにそろそろいってもいいかなと思って。でも、男性誌はなかなか敷居が高くて、入りづらいところがありますね。（著者注・スピリチュアルは）「うさんくさい世界だ」という思い込みがある。

つまり、江原氏は最近になって急に社会問題に目覚めたわけではなく、実はそれが「本質」だと自覚しながら、長く個人的な相談に答え続けてきた、というわけなのだ。

逆に考えれば、江原氏が恋の悩みだとか職場の対人関係トラブルの解決法を女性向けにわかりやすく説き続けてきたのも、こうして認知されて「本質」について堂々と語れるようになるためだった、と言えるかもしれない。

無視され続ける社会的発言

こうして、満を持して個人を超えた社会の問題について語り始めた江原氏に対して、世の中はどういう受け止め方をしているのだろう。

江原氏がスピリチュアルな視点から、と断りながらも靖国問題について「ノー」を表明したとき、実は私自身は「これは大問題になる」と思った。〝いま、日本でいちばん会いたい人〟と言われ、大きな影響力を持つ江原氏が「靖国、ノー」と表明したのだ。女性ファンの中にはそれに追従する人もいるだろうし、マスメディアも放ってはおかないだろう……。

ところが、この発言は大問題にはならなかった。それ以上、週刊誌などで取り上げられることもなく、女性誌は相変わらず「オーラを磨いて恋をゲット！」といった観点で江原氏のことばを取り上げるだけだったのだ。

しびれを切らした私は、靖国問題に取り組んでいるテレビ局の何人かの知人に「江原氏にインタビューしてはどうか」と持ちかけたのだが、「霊とかオーラとか言っている人が出てきたら、番組じたいの信憑性を疑われる」と一笑に付された。

しかしそういう人たちの作る番組では、識者や政治家たちが「首相が参拝しても英霊は喜ばない」「A級戦犯も分祀を望んでいるのでは」などと、まじめな顔で語っているのである。「霊が喜ぶか否か」を基準にこの問題の是非を論じようとしている彼らのほうが、よほどスピリチュアルに見えた。

男性が、いまだに江原氏を「うさんくさい」として真剣に取り合おうとしない、というのは、江原氏自身にも予測がついた事態だったと思うが、女性誌が江原氏の社会的発言を無視し続ける、というほうはどうだろう。

それでもまだ、『天国からの手紙』に涙する人たちは、江原氏が「将来はホスピスを作りたい」などと言って、緩和ケア、グリーフケアに取り組もうとする姿勢に対しては、共感を寄せているだろう。

しかし、そこから一歩出て、「靖国」「日中関係」といった話になったとたん、女性フアンたちは目を伏せ、無関心を装い出すのである。江原氏との対談を終えた林氏も、「みんなの意識の反省が必要だ、人間の心に訴えかけるしかない」と語る江原氏の熱を冷ますかのように、こんな感想を語る。

このところ真面目に輪がかかって、自分の能力をどう世の中に生かすか、ということに重点を置いているみたいですね。もう現世の欲にからんだ相談はまっぴら、って公言しているのに、お会いするたび、いろんなこと聞いちゃってすいません。ところで、またダイエット、二人で頑張りましょうね。

つまり、江原氏がいくら内向き志向の人たちの意識を外に、社会に、向けさせようとしても、男性は「うさんくさい」と笑って相手にせず、女性は「そんなことより私の恋愛について教えて」と言うばかりなのである。

「恋愛のことについては納得できる話も多かったのに、靖国の話をするなんてコワイ」といった拒否反応すら、あまり見られない。彼がいくら積極的に社会的発言をしようとしても、誰もそれはなかったことのようにして、「そんなことより、私のオーラは何色？　どんな仕事につけばいいの？」と個人的な答えを求めるべく、群がり続けるのである。

「本質のほうにそろそろいってもいいかな」と踏んで決意した江原氏にとっても、物議さえかもし出さないこの反響の薄さは、大いなる見込み違いだったのではないか。

現世主義に打つ手なし？

『オーラの泉』で、これまた平和主義を唱え続ける美輪明宏氏とともに、相変わらずやさしげな表情で、出演するゲストの前世や今後の人生について〝霊視〟し続ける江原啓之氏。彼は自分の決断を、いまどう思っているのだろう。「やっぱりいまがその時期だったのだ」と納得しているのか、あるいは「まだ少し早すぎたか」とやや後悔しているのか。

あるいは、「自分さえ幸せになればいい、という利己主義、現世主義に、もはや打つ手はなし」と見切りをつけてしまったのかもしれない。

「スピリチュアル・カウンセラーにもさじを投げられる世の中に住む私は、いったいこれからどうなっていくんですか？」

ここに及んでも人は自分自身の頭や心で考えずに、その答えを誰かに求めようとするのだろうか。

あとがき

そして結局、私自身はスピリチュアルにハマるタイプなのか、そうでないのか、と問われれば、答えは明らかに後者のほう。私は本書を執筆する前も後も、「スピリチュアルにハマらない人」なのである。

しかし、いまの時代、こうカミングアウトするのには若干の勇気がいる。誰かに「スピリチュアルはどうも苦手で」と言うときには、「頭が固く感性の鈍い人」「目に見える世界しか信じられない心の貧しい人」と思われているのではないか、と気になってしまう。

私が専門とする精神病理学は、実は精神医学の中では「科学より文学や哲学に近い」と、やや異端視されることもある分野だ。そういうときには「人間の心をすべて脳機能で説明することなど不可能だ」と反論しているというのに、一歩、精神医学の外に出れば、「スピリチュアルは実証できないから信じられない」と言っている、というのは、考えてみればちょっとおかしな話である。もしかすると、ふだんは「心の闇? 深層心理?……うさんくさいね」と言われているからこそ、「仕事を離れてまで目に見えないものにかかわりたくない」と思っているのかもしれない。似て非なるものだからこそ苦手、ということだ。

ただ、「人間の心を精神病理学的に考察する」ということは、「考えることや説明することをやめる」ということとは違う。化学式や脳画像は使わないものの、「人間とはかくも不思議な存在です」と終わらせようとはせず、そういう症状や疾患が生じた背景や筋道を他の人と共有できることばで説明しようとする。それに比べて、スピリチュアルには「見える人には見える」「理屈はともかく、とにかく霊がそう告げているのだ」と言われれば、それ以上、「ホント?」「なぜ?」と追求してはいけない雰囲気があるような気がして、そのあたりが苦手意識の原因のひとつなのかもしれない。

私や私のようにハマらない人は、もしかするとハマる人に比べて楽しさや豊かさの少ない人生を送っているのだろうか。それはそれで損な気もするが、そこでまた「得さえすれば考えるのを放棄してもいいのか」という疑問もわいてくる。「これさえ信じればバラ色の人生が待っている」と言われているような気もするが、そこのラインを踏み越えるのは、私のようにヒネくれた人間にはなかなかむずかしそうだ。

とはいえ、ラインの一歩手前から眺めたスピリチュアルな世界は思ったよりは良心的で、それを求める人がいまこんなにたくさんいるのも至極もっとも、という気もした。あとはハマるか、ハマらないかはその人次第。結局は、そう言うしかないようだ。

本書は、企画から完成まで、幻冬舎の小木田順子さんの強力なサポートがあったからこそできあがった。小木田さんも〝ハマらない系〟とお見受けしたが、こればかりは断言はできない。私だって、来年にもあっさりと〝ハマる系〟になっているかもしれないし……。誰がどちらの〝系〟かは別にしても、伴走してくれた小木田さんにもそして最後まで読んでくださった読者の方にも心からの感謝を捧げたい。

二〇〇六年十月

香山リカ

幻冬舎新書 4

スピリチュアルにハマる人、ハマらない人

二〇〇六年十一月三十日 第一刷発行
二〇〇七年 一 月十五日 第四刷発行

著者 香山リカ
発行者 見城 徹
発行所 株式会社 幻冬舎
〒一五一-〇〇五一東京都渋谷区千駄ヶ谷四-九-七
電話 〇三-五四一一-六二一一（編集）
〇三-五四一一-六二二二（営業）
振替 〇〇一二〇-八-七六七六四三
ブックデザイン 鈴木成一デザイン室
印刷・製本所 図書印刷株式会社

Printed in Japan ISBN4-344-98003-4 C0295
か-1-1
幻冬舎ホームページアドレス http://www.gentosha.co.jp/
＊この本に関するご意見・ご感想をメールでお寄せいただく場合は、comment@gentosha.co.jp まで。